在白天做夢的人

從臺大醫師到網路教師，
敢夢敢為的翻轉人生

呂冠緯——著

致謝

本書得以完成，要謝謝葉丙成老師在Facebook分享了我的部落格，引起出版社的注意。謝謝總編靖卉、主編淑華願意給我這個素人作者機會。

我要謝謝我父母的養育及成全；謝謝我兩位可愛妹妹的鼓勵及支持，讓我能在豐富的愛裡面成長。我也要謝謝于嘉和傳道、張復民牧師、周巽正牧師與熊昔麒區長，你們透過聖經的真理鼓勵我、教導我如何成為一位成熟的基督徒。我更要謝謝那些在我仍乳臭未乾，卻願意給我機會的職場前輩，姚鈞衡醫師、劉駿豪主任、方新舟董事長與嚴長壽董事長，你們的信任與授權是我能快速成長的主要原因。

我還要感謝的，是許多我沒有提及，但曾經提攜我、幫助我的親友、長輩、同學，甚至是我帶過的學生們。這本書真正的作者是你們，是你們在我生命中寫下你們對我的栽培、鼓勵與回饋。

謝謝我的大學摯友汪書平願意為我校稿，並且提供我寶貴的建議。

謝謝你們對我的愛，我也愛你們。

最後，既然要感謝的人這麼多，就把最深的感謝獻給愛我的天父。

〈專文推薦〉……008
〈好評推薦〉……016
〈前　言〉尋找……030

Chapter 1
想打NBA的音樂班男孩
——天真爛漫多方接觸的孩童時光
• 難吃的沙子　034
• 不可以碰我的手　039
• 倒數第三名　044

Chapter 2
半瓶醋響叮噹
——不上不下的青春期
• 小屁孩的悔改　052
• 你還有什麼樂器不會　062
• 陌生的藍色大門　068

Chapter 3
那最好的選擇了我
——本想穿卡其色制服的藍天之子

Contents
目錄

Chapter 4
從椰林大道到白色巨塔
——臺大醫學窄門裡的世界

・「媽，我想轉學」 074
・施比受更為有福 079
・清晨四點半 085
・停課四十天 090
・全臺灣最會讀書的一百三十個人 098
・腫大的肝臟 105
・彈吉他的醫師 111
・來自雲林的震撼 117
・爆紅的畢業MV「於是」 122

Chapter 5
醫學生創業？
——從夢想學園創辦人到得勝者文教執行班主任

・冠緯，你有場地嗎？ 128
・比學生大七歲的老師 135
・轉戰補教一級戰場——臺北車站 142
・不要和好友一起創業 148

Chapter 6

不要驚動愛情
——美好的事物值得等待

・門不當戶不對的致命吸引力　154
・從醫學看戀愛　160

Chapter 7

「醫官，請至官廳！」
——在一四六艦隊那忙到要死了的日子

・命運之籤　166
・海上計程車　172
・輔導長的眼淚　178
・一日班超人，永遠班超人　185

Chapter 8

勇闖教育叢林的小醫生
——均等、一流的教育夢

・豆漿店巧遇可汗　190
・小醫師 vs. 科技人　196
・強颱襲擊香港　202

Contents
目錄

・冠緯學長與小綠綠　206
・無牆的教室、無懼的學習　212

Chapter 9
新鮮的熟悉感
——美國行、新加坡行與升任執行長
・多年網友的初次見面　218
・跨國談判初體驗　226
・英文專題演講　233
・年輕人，學習負責吧！　241

Chapter 10
築夢 逐夢
——創造屬於你自己的夢想法則
・當我還在讀書時……　246
・當我開始工作後……　253

〈後　記〉在白天做夢的人……………………259

嚴長壽

——公益平台文化基金會董事長

談到呂冠緯，就必須先從我們彼此間最親密的夥伴——誠致教育基金會與其董事長方新舟先生談起。

二〇一一年四月，我寫了一本《教育應該不一樣》，這是本將我積累多年對臺灣教育生態巨變的觀察，向家長、老師和政府殷切呼籲的書。十多年來，我眼看著臺灣的教育就像即將撞向冰山的大船而無法轉舵，內心充滿著無奈、無力與無助，而就在一個意外的機緣中，方新舟先生在我的好友周傳芳（兩人當時已是準親家）邀約下來到了花東，新舟兄不僅自己認真地體驗公益平台當時正在進行的部落及產業輔導行程，過沒多久，他居然又帶著一群朋友來到臺東，在基金會的引介下，更深度地了解偏鄉課輔組織的運作情形。從此以後，誠致教育基金會與公益平台兩個基金會就展開了一段密不可分的合作關係。

新舟兄一方面應我的邀請，先後擔任了均一中小學及宜蘭慈心華德福的董事，同時也見證我如何試圖將偏鄉教育翻轉的學習過程，並以他過去在國外擔任CEO的經驗及資訊科技的背景，成為我最佳的諮詢顧問。當他一而再、再而三地聽到我在演講中提到可汗學院，以及國際社會線上學習正在風起雲湧的大趨勢，曾在矽谷創業成功並正在尋找如何在公益道途使力的他，立刻看到自己可以著力的重點。於是，他決定與其批判不如行動，下決心挑起臺灣線上學習平台的重擔！不僅如此，原本低調的他甚至要求讓線上平台的命名與臺東實體實驗學校一致，以「均一」做為共同的命名，除了象徵「均等、一流」的教育學習環境外，也代表團結力量大的意涵。於此，我們兩個基金會協力翻轉臺灣教育的夢想，正式啟航！

新舟兄是一個劍及履及的人，一切都在他的掌控下積極地進行著，於是，軟體工程師進來了，行政工作人員進來了，最後卻發現萬事俱備，只欠東風，始終找不到適合製作教學影片的老師。直到這本書中的主人翁呂冠緯的出現，一切才算是進入了正式的生產作業。我必須坦白說，當新舟兄興奮地告訴我這位從醫科畢業、各方面都傑出優秀的青年，經過他一年多的等待，居然願意放棄醫生的工作，加入誠致教育團隊時，我一方面為他高興，一方面也十分擔心，總是不確定到底如此傑出的年輕人會不會只是一時的衝動，還是真正想好了這可是一個改變臺灣教育未來的重大工程。

這一年半以來，冠緯以實際的行動證明了他的允諾，他不但成為大量教學影片的製作者，也成功地在最短的期間，以他的聰明才華、溝通能力，以及對教學的使命感，快速竄升成為誠致教育基金會的執行長，得到方新舟董事長和許多夥伴的肯定與認同。綜合我以旁觀者的身分觀察，當大家對臺灣年輕人有許多負面評價的同時，我看到了冠緯具有的幾個讓人欣賞的特質，他除了本身具備熱忱、天賦與聰明才華以外，背後還有兩個重要的支柱，一個是家庭，另外一個則是他信奉的宗教。從他的書上可以看出這兩股力量不時地支撐著他，在人生面臨挑戰與困苦時，讓他獲得安定的力量，而這也是時下年輕人在網路世界中迷失所最最缺乏的條件與工具。

此時此刻，我們何其有幸，有了像呂冠緯這樣的夥伴，以積極正向的態度，加入誠致教育基金會及公益平台，假以時日，他必將成為臺灣青年未來的典範！「在白天做夢的人」，如果以我的解釋來說，那也代表了一群陽光青年，在他們日正當中的生命中，追逐著人生的夢想，那麼比之於生命正邁向黃昏，卻仍然對這個社會充滿熱情、依舊不捨的黑夜趕路人，我們又是何其榮幸，在這一個美麗的時刻，與你們同行！

葉丙成——臺大電機系副教授、臺大磨課師計畫執行長

「遇見冠緯，讓我對臺灣充滿希望！」

在這高度全球化快速變遷的時代，我們需要更多年輕人，能從宏觀的角度觀察臺灣面臨的問題，思考所有可能的解決方案。並且，最重要的是，真的有跳下海去解決問題的決心。

冠緯便是一位具備這樣格局的年輕人。

這兩年來，為了推動翻轉教學在華語世界扎根，我們幾乎無役不與。從北臺灣到南臺灣，到新加坡、到大陸，都有共同的足跡。在推動翻轉的路途上，我在冠緯身上看到許許多多的美好特質。

一個二十幾歲的年輕人，念的是許多人夢寐以求的科系，在臺大醫院最熱門的科別之一得到最佳實習醫師的榮譽，他卻選擇投身於教育。一開始許多人對他為何作這樣的決定感到不解，但最近看到網路學習、數位學習、翻轉教學形成熱潮，又看到冠緯開始擔任均一教育平台執行長、行政院青年顧問的重責，不少人開始佩服冠緯是如此「明智」而有「遠見」的棄醫從教。

但其實這是錯的。在冠緯決定放下醫生的工作，投身均一之前，在臺灣，

翻轉教學、網路學習仍是一片荒蕪，沒有人知道這種新型態的教學在臺灣是否能有前景。冠緯只想著全職幫臺灣的中學生錄製好的教學影片，因為這是當時缺老師的偏鄉孩子所最需要的。執行長、青年顧問的工作，在當時並不存在，也當然不在他的考量之內。

冠緯只是很熱血、很單純的想教好臺灣的孩子，想改變臺灣教育的面貌。因為對缺乏天然資源的臺灣而言，教育是我們安身立命的根本。教育沒搞好，臺灣不會有未來。於是他放棄醫生的工作，從最基本的、也是最被迫切需要的影片錄製工作開始，紮紮實實地一部部錄製。目前他已經錄製超過一千部的影片模組，是華語世界中錄製最多教學影片的老師！在他與夥伴們的努力之下，翻轉教學在臺灣感動了許多人，好多老師開始加入翻轉的行列。臺灣的翻轉教育能在華語世界中成為領頭羊的角色，冠緯的投入，功不可沒。

冠緯讓我們看到，年輕人只要有利他奉獻的心，和時時以臺灣為己任的思考格局，再加上挽起袖子做事的決心與不計個人利害的傻勁，即使年輕也能做大事，改變許多人！冠緯的故事能啟發年輕朋友，讓更多人不再隨社會世俗價值而流，開始追求一個利他、有意義的人生。

因為遇見冠緯跟他這個世代的許多熱血夥伴，讓我對臺灣仍然充滿信心。

我們需要更多這樣的年輕人，一起來打造臺灣的未來。臺灣的未來將充滿希望！

汪書平——美麗晶華診所醫師

呂冠緯是我認識最敢做夢的人（沒有之一）。

身為他醫學系七年同學、補習班創業夥伴和大學摯友（這個身分或許可以再商榷，哈哈），其實需要一顆很強的心臟。因為總是會被忽然告知：他又想要做，或已經做了些什麼，多數人眼中距離遙遠、想法不同的事情。

直到現在他還是時常令我吃驚，雖然我已是大學同學中最了解他的人；我們之間的相處也總是衝突不斷，卻無損他過往大學生活裡，我最為感謝的同學身分。

謝謝他寫下這本書，用心收藏了醫學系生涯，乃至創業、服兵役，許多同學朋友們共同的回憶，歷歷眼前。更珍貴的是，讓我們得以窺探這樣一個為外界所佩服、為他人所不解的男孩，一個課業狀元、基督信者、音樂才子，是如何走上了翻轉教師這條道路。

和冠緯一樣，我的父母親都是國小老師，開口閉口談的都是教育。從小我便看著他們和學生相處的點點滴滴，耳濡目染感受著教育對於一個孩子的重要性。柯文哲老師說得好：「人很難生而平等，但起碼機會要平等，尤其是教育和醫療，一定要平等。」

我想這也是冠緯所萬分認同的。細讀了這本書幾回，當中最令我感動的一段是：

當我看見臺東的孩子與臺北的孩子透過網路有相同的學習素材，學習速度不同的孩子因著有「不會消失的黑板」，沒有一個人會被犧牲掉，教室的圍牆倒塌，學習的恐懼卸下，這不就是我們期待看見的教育夢嗎？

國文向來不好，總是被我批評辭溢乎情的他，卻寫下了這樣動人的段落。心之所向，是無法騙人的。

「上醫醫國，中醫醫人，下醫醫病」是習醫者的心照不宣。投身政治，選擇教育，為的正是透過更核心的方式來照護他人——從提升我們身處的國家社會著手。然而真要拋開人生之既有、現有和將有，敢夢敢為，做一回傻瓜笨蛋，卻不是人人能夠。

回想起大學共同創業的那些年，有無數夜晚，我聽冠緯滔滔不絕說著自己各種新近關於夢想、那些天外一筆的規劃，有時是在放課後的補習教室，有時是一邊大快朵頤的麥當勞，更有時僅僅就在路邊的摩托車旁，一聊就是好幾個小時。

多數時候我忙著吐槽他的見異思遷，有時也因為受不了他的長篇大論而選擇放空心神，但的確會在那麼一些瞬間，我看著眼前的他，無法否認：面前這個總是被同學同事認為自我感覺良好的傢伙，遲早會完成些驚天動地的事情來。

這本書所敘述的種種，包含書寫本身，只是關於冠緯敢夢人生的開端。那些驚天動地的部分，我想還未真正到來，且帶著強壯的心臟，拭目以待。

方新舟｜財團法人誠致教育基金會董事長

二〇一三年一月冠緯答應要加入誠致教育基金會後，我和我太太去拜訪他爸媽。他們全家都在。我們聊了快兩個鐘頭，被他們家裡的喜樂和愛滿滿地包圍。我們好喜歡。

我那時寫了一封信給幾位貴人，說：「寫這封信除了跟各位報告冠緯要加入誠致的好消息外，也希望您們幾位貴人未來能多幫助他。就像當年施振榮受到幾位大老的支持而成為我們這一代的典範一樣，我們需要在年輕的一代找出幾個明星，讓其他年輕人有所盼望。」

我們很高興冠緯這一年來的表現，大大超出我們的期望。他不斷地「跨出他的舒適圈，去挑戰他不擅長的東西」（包含這本書的寫作）。今年七月，我們請他當誠致教育基金會的執行長，帶領誠致夥伴幫助老師翻轉臺灣教育。

我們更高興冠緯不是唯一的一顆明星。不論在誠致，在公益平台、社企流、TFT、g0v、沃草，我們都看到臺灣未來的希望。

但是這些希望如果沒有刻意栽培，也許很快就會變成泡沫。不過栽培的方法不是給更多鎂光燈，因為臺灣太小，媒體太多，一點點的成就就被過度的報導，對人才反而是揠苗助長，沒有好處。要栽培就要給更多責任和摔跤，讓他們長智慧跟勇氣。我衷心盼望我這一輩的精英一起來培養這些明星，由他們來決定臺灣的未來。

冠緯加油，臺灣加油！

周巽正——生命培訓學院院長、臺北靈糧堂牧師

每個孩子心中都有夢，可是因著升學的壓力在無形中作繭自縛。我們一般認為升學壓力的受害者，只是那些學科考試成績不夠好，無法考上他們理想科系與學校的孩子。卻不明白有一群非常優秀的孩子們，正因為成績考得夠好，分數到了，被迫選擇一個並不是屬於他們（卻是全國）的第一志願，進入到他們沒有選擇的人生裡。

《在白天做夢的人》書裡，冠緯分享他如何從人與社會的價值觀和期待中，破繭而出，找到自己，活出他的夢想。這本書會重新點燃你心中夢想的願景，給予你尋找你自我的勇氣，帶你進入破繭而出的自由裡！

柳林瑋——沃草有限公司共同創辦人

跟冠緯相識是在服兵役，一起到衛校受醫官訓時。當時所有人都被剃了頭，穿著一樣的迷彩服，每天都徬徨著會被分配到什麼樣的單位服完這一年的兵役。當時我們被分配在同一班，選班代的時候，冠緯很快就表示願意出來為大家服務，看到這樣的熱忱，我也很快自願當他的副班代，一起做事。

冠緯的聰明跟認真不必多說，但最令我佩服的是他面對各種處境的樂觀與堅毅，這應該與他的宗教信仰有關。曾有一位醫學院的老師跟我說：「人的工作有很多種，一種是單純的work（工作），一種是career（生涯），最後一種則是calling（內心的召喚）。我們的時間大概就分配在這三種之間，而我們努力的方向，就是希望calling的比重越來越高。」

很高興吾友冠緯正享受著這個神和他內心的calling，我們這些朋友，也將一直期盼他的成功。

張輝誠——中山女高國文科教師

冠緯這本書有幾個非看不可的理由，以及幾個非深思不可的地方：

第一，何以他能毅然決然拋棄人人稱羨的醫生「金飯碗」，轉而投入人人覺得普通的老師「鐵飯碗」？這其實與他的性格、信仰，勇於追求興趣、尋找利他價值觀有莫大關係，而這些恰恰都是當代傑出年輕人不容易發現或經常屈服的自我追尋、興趣（理想）與現實的拔河、工作與志業的分合衝突，冠緯卻做出了一個極大膽的冒險與示範——現在看來確實如此，但我相信三十年後、四十年後，冠緯會再另寫一書，告訴大家，他的選擇是對的，並且舉出更高、更多的成就來證明所言不虛。

第二，二十多年來，冠緯盡己所能將生活過得多采多姿，不斷充實自己成為多才多藝，能打球、能自譜詞曲、能彈鋼琴彈吉他、能唱歌，端的是允文允武，能動能靜。他示範了什麼是善用時間，什麼是每分每秒充實自我。

第三，他現在所從事的翻轉教室工作，將來勢必完全改變臺灣教育現況，這個巨大的改變、充滿意義的工作值得他棄醫從教、從文——他看得很遠，很多人瞪大了眼仍舊看不清、瞧不著，不過沒關係，慢慢來，時間會證明一切。

連加恩——路加國際組織駐南非辦公室代表

冠緯是我所認識最特殊的人之一。還記得很多年前，我去一間教會演講，開頭帶領詩歌的人就是他，所有的詩歌我都沒聽過，因為都是他自己作曲的。從籃球高手到音樂才子到臺大醫科高材生，現在投入網路教師志業，可以說只要是有辦法學習的東西，他都特別有效率，因此當了老師，我認為很合理，因為他可以教大家怎麼學習。

除了「醫師」和「教師」，我認為還有一個身分可以提提，那就是「牧師」。冠緯這些年跑遍臺灣東南西北和離島，跟許多校園學子演講，仔細聽他所講的，你會發現不是「怎樣讀書」、「怎樣考上臺大」這種層次的東西，他傳講的，是價值、信念、創新、勇氣、態度等等。誠心推薦這本書給也許沒有機會坐在那些學校週會聆聽呂牧師分享的你我。認真聽的話，你會發現這個人身上，有讓這代臺灣年輕人向上提升的元素。

黃國晉——**臺大醫學院家庭醫學科教授兼主任、臺大醫院家庭醫學部主任**

看了冠緯所寫的《在白天做夢的人》，讓我更了解為什麼他到醫院實習時，所照顧過的病人或者家屬總是對他念念不忘。

書中所提到冠緯在內科實習時，照顧罹患肝臟腫瘤末期的病人林瀚威，即使冠緯不在腫瘤科實習，還特別跑去病房握著瀚威的手跟他說：「你很勇敢。」殊不知人在往生前最後一個感覺是聽覺，相信瀚威是在冠緯的鼓勵之下，勇敢的走向另一個世界。在瀚威家人的眼裡，瀚威往生前似乎有位上帝的使者，陪伴著他回到上帝的身旁，也就是我們在照顧末期病人時所說的「幽谷伴行」。

之後冠緯到家庭醫學部安寧病房實習時，跟黃先生討論他太太因肺癌末期住院，簽署不急救（DNR，Do Not Resuscitate）意願書或同意書的議題，過程中冠緯用同理心與黃先生進行討論，結果讓生者可以放得下，也讓即將往生者平靜無悔的離開，這就是我們照顧末期病人與家屬的目標——生死兩相安！

最後書上沒有提到的是，當冠緯在照顧我一位糖尿病控制不佳的住院病人時，除了提供例行性醫療照護之外，竟然在住院期間陪著病人每天運動，並且時常鼓勵病人，讓年紀不大的她在罹患多重慢性病、心情極差的情況下受到感動，開始正視自己的疾病，並且積極治療與誠實面對，這幾年來這位病人瘦了十幾公斤，三高（高血壓、高血糖及高血脂）也得到很好的控制，從此開始過著健康的人生。

從這些臨床的實例中，我相信冠緯一定是一個好醫生，我非常鼓勵他能繼續走上行醫之路，即使在大環境不好的醫療生態中，還是需要有像冠緯般的良醫，成為許多醫學生、醫師及病人們的好老師！

廖文華——**基督教臺北真道教會牧師、社團法人中華民國夢想之家青年發展協會理事長**

這是本拿起來就不會放下的好書！

說了個遇見就無法忘記的年輕人的故事，激勵你展開有夢就絕不放棄的旅程。

我很開心在生命中與冠緯有些交集。冠緯在板橋牙醫診所的地下室開始了「夢想學園」，我在西門町一間狹小的舊公寓開始了「夢想之家」。我們都喜歡「夢想」，也都會在遇到困難時向主耶穌禱告。我們都曾在劉駿豪主任的得勝者文教一起陪伴許多高中生，不只為他們補習，也帶給他們詩歌、鼓勵和很多的愛。影響他深遠的方新舟董事長和周巽正牧師，也是我生命中的良師益友。冠緯在誠致教育基金會所發展的均一教育平台，夢想之家的孩子們也在用，而且成績進步很多！

冠緯是非常優秀、多才多藝的年輕人，但是更寶貴的是他用優秀的能力和才藝去服事人、祝福人。

他也是充滿夢想的年輕人，但是更寶貴的是他的夢不是只為了自己。

美國第六任總統約翰・昆西・亞當斯（John Quincy Adams）說：「如果你的行動啟發別人更多夢想、更多學習、更多實踐，也成為更多，那你就是領袖。」（If your actions inspire others to dream more, learn more, do more and become more, you are a leader.）

這樣看來冠緯的確是個領袖。
也願這本書啟發你更多夢想、更多學習、更多實踐，也成為更多。

劉安婷 —— Teach for Taiwan 創辦人

在我認識冠緯之前，就已經有不少人跟我說：「妳的故事好耳熟，讓我想起另一個也是高材生放棄高薪轉入教育的人，臺大醫科畢業的……」剛開始，我有些不自在，畢竟「高材生」或「高薪」都不是我喜歡的標籤——我只不過是有機會選擇對我而言最幸福的工作，有什麼了不起的呢？

認識冠緯、也一同在教育界打滾了一些時間後，我們開始深刻的意識到「有機會選擇」絕不是「只不過」三個字如此的理所當然。讀冠緯的故事，重點不是在他表面的亮眼成績，而更是他一路走來，從他的父母、老師到上司，有多少貴人一次次的賦予他選擇、犯錯、探索的能力與機會，才能成就他今天以及未來的高度。

臺灣需要更多人像冠緯一樣站出來為教育發聲，也正是因為「有機會選擇」對許多臺灣孩子而言仍是遙不可及的特權。因此，我相信冠緯的書，最終便是這樣的一封邀請——你，也能成為一個改變的起點。

「是我們的選擇，遠大於我們的能力，真正展現出我們是什麼樣的人。」

劉駿豪——得勝者文教創辦人

認識冠緯的那年，他是臺大醫學系五年級的學生，感覺除了優秀，還是優秀。之後在得勝者文教共事的三年中，冠緯認真地面對每一件他熟悉與不熟悉的事；他總有一種讓人放心的負責，同時對於嘗試與學習又異常的勇敢，所以只要事情到他身上，必定順利完成。而後，知道他辭去了人人稱羨的醫師工作，投入網路教育領域，開始積極推動「翻轉教育」課程，我感到驚喜，但並不意外，因為我了解，這個年輕人在他生命中所累積的能量正在發散。這樣難能可貴的能量從何而來？在他的書中找到了解答。

冠緯在書中說，他很感謝父母對他在幼年時期的引導，給了他無數個嘗試的機會，累積成了他日後面對新事物時，一直都可以勇敢嘗試、學習。而在他小學時碰到的幾位好老師，更是用理解取代了傳統的責罵，讓他學習「努力」，並且體驗「對自己負責」。這或許埋下了他投身教育工作的種子，但在社會教育崩壞失靈、學校教育氣氛低落、而家庭教育益發重要的今日，這本書對於現代父母及為人師長，更是有另類的啟發。

此外，冠緯在書中字句間充滿了感恩與謙卑，很難想像這是來自不到三十歲的年輕人之手。他把在求學過程中，曾經犯過的錯誤、不成熟的想法，以及省思後所獲得的啟發與悔改，都毫不保留的分享，並且把功勞與榮耀歸於他的父母、師長和信仰的帶領。而對於學業上的優異表現，他也仔細敘述了自己的學習態度與生活細節，包括早睡早起以避免在網路上試探瞎晃等等。諸如此類的小事，卻如當頭棒喝，必定可以點醒許多正在準備學測等重要考試的同學。

值得一提的是，冠緯在書中大方的分享了他的信仰。他把生命中幾個性格上重要的轉折，從驕傲轉為謙卑、在下重大決定時所需要的勇氣，都歸功於信仰的帶領。其實，他一路走來對自己的要求與認真，為自己做了最好的準備後，不正也是為泰戈爾的詩句「最好的必定會選擇你」下了最好的註解。

很高興冠緯願意用他優異出眾的能力與態度投入教育事業，助後輩一臂之力，他從在得勝者文教時代的投入，與至今在網路教學領域的付出，著實為臺灣教育注入新元素，我稱之為「類似榜樣的學習」。從他身上，我們看到了臺灣新世代的另一個希望，也願這本書能夠激勵更多年輕人，用認真、負責與勇敢來面對自己的人生！

四分之一個教育人
AM
四分之一個傳道人

Dr.

■ 四分之一個醫療人

DRE

■ 四分之一個音樂人

前言

尋找

「你的時間是有限的，因此別浪費時間活在他人的期望中。別受限於教條或他人的眼光，也別讓外界紛雜的噪音掩蓋你內心的聲音。最重要的是，鼓起勇氣追隨你的心與直覺，它們已經知道你渴望成為怎樣的人。其他的聲音與事物都是次要的。」——賈伯斯

我走下梯口，揮一揮手，向班超軍艦上的官兵道別。長官親自開車送我，當車子駛離蘇澳軍港哨口的那一刻，我的心情異常寧靜，回憶與思緒卻如潮水般湧入腦海……

曾經，在封閉的白色巨塔裡，一句「呂醫師，謝謝你」是我最重要的精神食糧；也曾經，當我幫助那些在課業中掙扎、成長中摸索的國高中生時，一句「冠緯老師，我真的懂了」是最悅耳的回饋；又曾經，在我分享完聖經故事與個人見證後，一句「你

剛剛的講道很激勵我」給了我繼續分享的動力；還有曾經，當我看見畢業創作歌曲的YouTube連結下有著「呂冠緯是我心中僅次於周杰倫，可以套上『碉堡了』稱號的人……」這麼一個留言，我的嘴角不自覺地上揚。

有人說我是四分之一個醫療人、四分之一個教育人、四分之一個傳道人、四分之一個音樂人。但一直到今天，我最常問自己的問題仍是：我是誰？

我曾用那些自以為是的豐功偉績定義我自己。我會演奏鋼琴、小提琴、吉他、爵士鼓；從師大附中全校第一名畢業；我考上臺大醫學系，並且是臺大醫院皮膚科最佳實習醫師；我大二時就創立夢想學園，二十二歲時擔任得勝者文教執行班主任，二十六歲時擔任誠致教育基金會的執行長；甚至我所創作的音樂MV「於是」與「仲丘好走」分別有近二十萬與四萬五千的瀏覽量。但這就是呂冠緯嗎？

當兵那一年，因著海軍醫官的身分，我必須常常面對海上漂泊的孤獨。當遠離掌聲與噓聲、讚美與批評，沒有Google、FB，只有我與上帝，我驚訝地發現「我是誰」其實是源自於我對自己有多少的認識與探索。

我漸漸明白我是獨一無二的，每條人生路都應該不一樣。我這樣對自己說：「傾聽別人的聲音是重要的，避免我孤行己意，但若只聽別人的聲音，從來不聽自己內心深處的聲音，那麼所有的決定雖看似安全，卻是最不安全的，因為我永遠學不會對自己負責。」

知名的美國脫口秀女王歐普拉（Oprah Gail Winfrey）曾在哈佛大學二〇一三年畢業典禮演講時引用神學家瑟曼（Howard Thurman）的名言：「不要問這個世界需要什麼。問你自己，有什麼事會讓你充滿活力，然後就去做吧！因為這世界需要的，就是充滿活力的人！」自我探索、追求夢想並非自私的表現；相反的，真誠地面對內心的聲音與熱誠，勇於向家人、朋友分享內心深處的想法，並且紮紮實實在自己的興趣上發展能力，才是對自己負責。如此，我便能成為那位世界所需要的人。

我不討厭當醫師，但我更喜歡去啟發孩子，看見他們豁然開朗的笑容給我極大的滿足。如今，我跨出我的舒適圈，找到的不僅是一個職業，而是一生的志業。或許會跌倒，也或許會失敗，但每天早晨睜開眼睛，我感覺我的生命充滿動力，有什麼比這更幸福的呢？

Chapter 1

想打NBA的音樂班男孩

── 天真爛漫多方接觸的孩童時光

「我要量著在我面前群畜和孩子的力量慢慢的前行。」
── 以色列人之祖，雅各

難吃的沙子

我在沙堆中打滾，捧了一把沙淺嚐一口，我立即把沙又吐了出來，顯然不怎麼好吃。

事實上，這樣的畫面可能被我封存在記憶最深層，已經無從找出來回味了。然而，我的母親倒是記得十分清楚。某天，當她跟我分享這段未滿週歲的往事時，我好奇地問她：「如果我是爸媽的話，光是看到小孩子把沙捧在手上作勢要吃的那時，我早就去阻止他了。妳怎麼可能讓我真的嚐一口？」

「我就想說沙子也沒什麼毒，大不了你覺得難吃，自己就會吐出來了呀！我跟你爸小時候也是在河邊、田裡到處玩耍，沒什麼大不了的。」媽媽笑笑地回應。

「妳當時都沒有罵我？」

「罵你？不會呀！而且你覺得沙子很難吃的表情超好笑的，我到現在都還有印象，好像突然發現什麼事情不對勁一般。」

那次的對話讓我想起了一張照片。有一次當我在翻看小時候的相本時，看見一張自己正在畫畫的照片。我拿著爸爸的水彩筆與顏料，在白紙上展現出鬼畫符的功力，而且還發展到自己的臉上。或許是正處於口腔期的關係，雙手沾滿顏料的我並不滿足，也想要嚐嚐顏料的滋味。我拿著照片問了父親：「我都已經畫到自己臉上了，你怎麼不阻止我，還悠哉地幫我留下了這張圖像？」

他不假思索地說：「啊小孩子不就是這樣嗎？」

是啊，小孩總是充滿好奇心，但在都會區鮮少有家長會讓孩子這樣嘗試。

開明父母vs.頑皮哥哥

我是個在臺北縣板橋長大的都市小孩，國小和國中都就讀音樂班，同學的家庭背景大多小康以上，可以想見，會把自己的小孩送入音樂班的家長，對自己孩子的期許都相當高。雖然為人父母的總是「望子成龍、望女成鳳」，但臺北的家長常常會變本加厲，變成所謂的直升機父母❶，隨時想要掌控孩子的一舉一動，擔心稍有差池就會誤了孩子的未來。我還沒有當過父親，所以無法完全體會家長的心情，但身為一個孩子，我很慶幸我的父母如此開明，從來沒有將他們的期待直接加在我身上，而是不斷溝通、不斷引導，這或許跟他們都是老師有關吧！

◆畫滿我的臉。

我父親是彰化員林人，母親則是南投草屯人，大水溝旁釣田雞、溪水裡游泳都是他們共同的回憶。兩人在臺中師專認識、相戀，假日要約會時則要坐車翻越八卦山到另外一頭。或許是因為這樣的成長背景，讓他們覺得「競爭」只是人生的一部分，而非全部，因此在養育我的過程中，他們讓我盡情嘗試，如果跌倒了，再給我秀秀。

依稀記得在我讀幼稚園時，某個颱風來襲造成爸爸的書房積水，第一次看到家裡面有「水」，讓我很興奮，在地上滑來滑去，好不過癮。幾天後，我趁父母親出門時，把浴室的蓮蓬頭打開，讓水從浴室淹到餐廳、客廳，再帶著小我一歲的妹妹冠儀在地板上滑來滑去。滑著滑著，整個人都熱了起來，於是我提議吹電風扇，卻沒想到在啟動電風扇開關時，被電流親了一下，嚇了一跳。

恰巧我的父母親回到家，看到家裡的慘狀，趕緊過來確認我和妹妹的狀況。那時候，我知道自己做錯事情了，但是父母親先是確認我好不好，然後才提醒我說：「冠緯，你是哥哥，爸爸媽媽不在的時候，你就要負責保護妹妹。」

一直到今天，我對於那時收到的提醒都還印象深刻。爸爸媽媽並沒有直接責備我，對他們來說，孩子喜歡嘗試是再正常不過了。然而，當我的行為確實有可能給自己或他人造成危險時，他們便藉此機會教育，陪我一起看清楚危險在哪裡、問題是什麼，使我很快地在試誤的過程中學習成長。

初生之犢不畏虎

小學入學的第一天，我那初生之犢不畏虎的行徑又差點把我的父母親嚇個半死。由於那天中午父母親兩人約好在某間餐廳聚餐，沒辦法接我放學，母親事先託一位朋友去校門口接我。但因為當天開學日的流程很順利，提早半小時放學，我在後埔國小校門口等得無聊，便憑印象沿著早上母親載我上學的路線往回家方向走。當時我家與我曾就讀的中山實小附設幼稚園距離很近，我又一心想回幼稚園看看老師們與從中班升上來的小朋友們，就在途中決定調整路線，朝中山實小邁進。

長大以後我才知道，這段三公里的路程，一般成人就要走半小時了，而那天我只記得自己一直走一直走，心裡想著一定要趕上下午兩點的點心時間，然後就到了。幼稚園的老師看到我當然很開心，以為是母親帶我回來，而我還在午休時間跑進教室，跟其他小朋友一起躺在木質地板上午睡呢！

可以想見，當母親的朋友在校門口找不到我時，急得像熱鍋上的螞蟻，趕緊打電話給我的父母親，而他們當然也顧不得約會了，趕緊到處找人，直到後來被通知我正安穩地在幼稚園裡午睡，心上的石頭才落了地。或許是修過兒童心理學，知道這個年紀的孩子還沒有「設身處地，為他人著想」的能力，我的父母親花了許多時間跟我溝通，我才明白沒有先跟他們說就跑掉會造成多大的麻煩。

當然，父母親的教育模式並非總是被動的機會教育。在我八、九個月大，剛學會怎麼爬的時候，母親便開始訓練我睡午覺。

第一次總是痛苦的。吃完午餐後，媽媽關上門，我努力地爬到門邊，放聲大哭。媽媽在門外輕聲地跟我說：「冠緯乖乖，現在是午睡時間，休息一下，媽媽等會就來找你囉！」聽母親說，那一次我哭了半個小時，聲音都啞了。而我母親也沉得住氣，並沒有因為我哭就把我抱出來。半小時後，母親沒有聽到哭聲，便偷偷地打開房門，發現我已經爬回床邊，上半身趴在床上，下半身跪在地上，眼角還泛著淚光。隔天，母親再次跟我溝通要睡午覺，這天我沒有哭鬧，五分鐘後就入睡了。

在這個強調個人主義的時代，我們往往把成功歸因於個人的努力，卻往往忘記就發展心理學的角度而言，一個人的人格特質跟他的家庭教育、成長歷程密切相關。曾有不少人問我，你是如何在「勇於嘗試」與「遵守規矩」中保持平衡？我總是很難回答。回頭仔細想想，或許這些特質正是透過父母親的教育模式逐漸培養而成的吧。

---

❶ 長期在子女頭上盤旋監察，時刻保護及指揮他們一舉一動的父母。

不可以碰我的手

現代人喜歡稱那些不知道天高地厚的孩子為「小屁孩」，而小學時候的我，也算是小屁孩一枚吧！

小學三年級時，我們全家從板橋浮州里搬到板橋與中和交界的新社區。一走進社區大門，便是寬敞的中庭；往右前方走幾步，有一座室外游泳池，左前方還有個羽毛球場大的小小籃球場（實際上，就是在羽毛球場上放了一個籃框）。我天生好動，常常在籃球場、游泳池兩處穿梭。有的時候是先游泳一、兩個小時，緊接著馬上擦乾腳，穿上球鞋，在球場上奮戰，甚至連泳褲都沒換掉；有的時候則是先打一陣子的籃球，再跳進游泳池裡洗澡（我知道這不太衛生）。當時我教會的好朋友壯壯恰好和我住同一個社區，我們自然成了最好的玩伴。

壯壯的運動細胞很好，讓我很羨慕，心裡常常在想有一天一定要打敗他。我總是期待與他在球場上單挑的時刻，但我從來沒有辦法擊敗他。有一次，不知道是不是他故意讓我，我很快地在六分制的比賽中取得四比〇領先。但接下來他展現實力，很快地就追到四比四平手。我開始著急了，心想難得有機會可以擊敗他，怎麼又被追上了呢？

當我握有球權，快速切入、準備上籃之際，卻被他打手犯規，毀掉了這次進攻時機，我整個氣炸了。坦白說，那是一個很平常的犯規，但或許是我想贏想瘋了，竟然脫口而出：「我讀音樂班耶，我的手要用來拉小提琴、彈鋼琴，你怎麼可以打我的手？如果我的手受傷的話，你賠得起嗎？不可以碰我的手！」

現在回想起來，如果我是當時的壯壯，一定會超級不爽。但老實說，這種「王子公主病」在我所就讀的音樂班還頗為常見，若不是國中時期我在人際互動上踢到大鐵板，願意有些調整，現在我可能還是這麼顧人怨呢！至於音樂班到底長什麼樣子，且讓我繼續分享下去。

● 在玩耍中長大，不做永遠的小屁孩

三歲時，母親送我去「指揮家」音樂教育中心，在那裡接受音樂啟蒙教育。過不了多久，我就展現出對音樂的興趣與天賦，開始學習小提琴與鋼琴。之後，我考入臺北縣後埔國小音樂班，接受專業的音樂訓練。音樂班有著各式各樣音樂相關課程，除了主、副修的個別課之外，尚有管弦樂合奏、弦樂合奏、分部練習、合唱、視唱聽寫、樂理、

音樂欣賞，加起來每週排了十幾節課的時間。音樂課時間的增加，自然就擠壓到其他課程的授課時間。除了國文、數學、自然、社會都比其他班級少一節以外，音樂班的美勞課與體育課更是常被壓縮。原因是彈鋼琴、拉小提琴、吹長笛都需要健康的雙手，音樂班的家長因此常常會限制孩子的活動，不能打籃球、排球、躲避球等等。

或許是壓抑所帶來的反效果，音樂班的男孩子異常地喜歡運動（當然，喜歡離擅長有很大一段距離）。音樂班的男生屬於少數，在我國小二十八位同學中，僅有九位是男孩子，常常會被其他班級男同學貼上「娘娘腔」的標籤，但事實上，我們與其他男孩子一樣，喜歡同樣的卡通、漫畫。其中，我們班超級瘋《灌籃高手》❷。

由於後埔國小當時正在翻修整個校園，以至於我們過了三年沒有操場、籃球場的日子，而我們班也因

◆後埔國小音樂班的九個男孩。

此開發出沙包籃球的遊戲。所謂「沙包籃球」，即是指用小沙包當作籃球傳來傳去，沒有運球，只要把沙包丟入對面的花盆裡面即算得分。我們遊戲的重點不在競賽，而是模仿《灌籃高手》的人物。我們班上最帥、運動細胞最好的同學阿加自然是本班的流川楓，而最孔武有力的同學東東當然就是赤木剛憲了。至於我，小學時個子極矮，但跑得頗快，就化身為控球後衛宮城良田。而我們班的女同學也很配合，還會有晴子、彩子等女主角、女配角串場。

我那一屆的音樂班男生出了名的好動，除了「沙包籃球」，我們還開發出一種類似「鬼抓人」的遊戲，叫做「摸肩膀」。遊戲規則是這樣的：下課鐘一響，遊戲即開始，鬼可以抓人，但是碰到人不算真的抓到，要「摸到肩膀」才算；而上課鐘響並不代表遊戲的結束，必須所有同學都回到教室才宣告終止。因此你可以想見一個場景：上課鐘一響，鬼便待在教室門口等大家回教室，其他人則趁老師還沒有進入教室前，想辦法衝進教室的前門或後門。為了確保過程中不被鬼碰到肩膀，我們會用雙手抱住自己，以手掌護著肩膀闖關。但往往老師都已經進教室了，我們還無法突破鬼的防線，氣得老師破口大罵，大家只好乖乖進教室。當時排球隊的教練看到我們班好動的狀況，甚至還跟我們的導師說，音樂班的同學應該要加入排球隊才是。

我與大部分的孩子一樣，是在玩耍中長大，我也曾經因為過度不服輸，而用略微幼稚的方式表達我的想法。然而，這不就是小孩子嗎？小時候過度乖巧、看似成熟，反而可能是不健康的。我看過太多兒童時期沒機會真正做小孩的同學，到了大一點便開始叛逆，反而讓父母、老師更頭疼。

小兒科醫師常會說：「孩子不是縮小版的大人。」生理上是如此，心理上更是如此。「小屁孩」或許討厭，但也或許是每個人成長的必經歷程！

❷《灌籃高手》（SLAMDUNK），日本漫畫家井上雄彥以高中籃球為題材的漫畫及動畫作品，總銷量超過一億兩千萬本，其主角櫻木花道、流川楓人氣度極高，甚至連不打球的女同學都因此知道「控球後衛」、「籃板球」等籃球術語。

倒數第三名

「恭喜冠緯這次考全班第一名，大家給他一個愛的鼓勵。」我的小學四年級導師黃秀葉老師說道。

「那現在我們來看看誰進步最多，進步五名以上的同學請起立。」

我與其他四位同學一起站了起來。

「進步十名以上的同學繼續站著，其他請坐下。」

剩下我與另外一位還站著。

「那你們進步幾名呢？」

「十五名！」另一位同學大聲回答，好像最佳進步獎非他莫屬。同學也同時發出驚呼聲。

「那冠緯呢？」

「嗯，應該是二十五名吧。」

「什麼？」老師瞪大眼睛看著我。

「老師，妳忘了嗎？上次我考倒數第三名……」

這是發生在四年級下學期第二次段考的事情。從那之後，我就再也沒有落到全班前三名之外，一直維持到高中畢業。然而，第一次段考我確實考了全班倒數第三名，而且考了進大學前唯一一次的不及格：自然五十九分。這中間到底發生什麼事情？我吃了大補丸？

● 吹牛不打草稿，終究露出馬腳

雖然我的父母親都是老師，但是他們並沒有非常在意成績。國小低年級、中年級時期，愛玩的我常常考得不怎麼樣，只有小學三年級某次段考異軍突起地拿了個第三名。由於我三、四年級的導師比較溫和，我常常用我的小聰明在鑽漏洞。進入四年級下學期後，我變得很懶得寫作業，尤其對國語習作極沒有興趣，索性就空著不寫。

我觀察到每次收作業時，老師只會請坐在最後面的排長幫忙，並且詢問排長作業是否收齊。當時班上座位是照身高排的，矮小的我坐在最前面，自然不可能擔任排長，但為了避免被排長檢舉我沒有寫國語習作，每每在收作業時，我便假好心地跑到排長身旁說：「我幫你收作業，好不好？」然後收了其他同學的作業，拿去交給老師。

「收齊了嗎？」

「報告老師，都收齊了！」

就這樣，我靠小伎倆蒙混過關，殊不知做壞事總有露出馬腳的時候。

第一次段考前，老師要記錄平時成績，便交代把所有習作收回去登記。不知即將大難臨頭的我，依然用著老方法把同學的習作交給老師，像是鴕鳥把頭埋在土裡一般，以為我看不見，別人也看不見。

隔天，老師把我叫了去。

「冠緯，我怎麼沒有收到你的習作呢？」老師滿臉疑惑。

我心裡嘀咕著：奇怪，我不是跟老師說大家都有交嗎？老師怎麼會發現呢？

我草稿也沒打便說：「我真的有交呀！」

老師把成績記錄表拿出來，指著一行空白。「你看，其他同學的成績都已經登記完了，只剩你的沒有，可是我找遍整疊國語習作，就是沒有你的。」

眼見紙包不住火了，我支吾其詞：「老師，會不會是妳弄丟了？」

老師沉著氣，緩緩地跟我說：「可是其他同學的習作都沒有不見噢。」

我原本預期老師會一直逼問我，但是她反而很慈祥地循循善誘，讓我心中罪惡感越來越重。

「老師，其實我都沒有寫……」我的頭突然垂了下來，羞愧地說道。

黃秀葉老師沒有責備我，只是要求我第一次段考結束，要去六年級音樂班教室把作業補完。

最深的責備，就是讓孩子自己責備自己

作業都沒寫的我，果然在第一次段考考得亂七八糟。段考後，我乖乖地到六年級教室報到。六年級音樂班的翁瑞錦老師也是我後來的高年級導師，當時我們已經知道接下來會給她帶了。她幫我安排了一個教室後面的座位，要其他學長姊不要吵我，讓我好好寫作業。

現在回想起來，當時黃秀葉老師、翁瑞錦老師的安排真是高招。她們為了教導我為自己的作業負責，沒有在第一時間痛罵我，而是讓我在學長姊的關注中感到不好意思，為了離開那些關注的目光，只好趕快完成作業。

從那次之後，基於某種榮譽心、羞恥心或者責任感，我開始乖乖寫作業，甚至養成在學校盡快把作業寫完的習慣。為了確保晚上依然有練琴與玩樂的時間，我會抓緊下課

時間完成生字簿、數學習作，漸漸地才發現把這些事情做完，並沒有想像中的麻煩。就這樣，考全班倒數第三名的下一次段考，我竟然考了全班第一名！

當然，並不是每一個人更加努力就會變成第一名，畢竟在每一個階段，第一名只有一個。但我們可以確定的是，「努力」才有可能讓一個人朝最好的自己邁進。

對於一個孩子來說，要深刻體會這些道理並不容易，因為在那個階段，我們最大的資產是好奇心與玩心！對我而言，沒寫作業，自己主動跑去幫排長收作業，結果沒有人發現我沒交作業，我反而覺得很好玩，很有成就感。我們必須承認，這樣的行為確實是需要調整的，而這，往往就是學生出給家長、老師的難題。

我很感謝兩位老師，她們雖然教學很嚴格，但也懂得用孩子能夠理解的方式，將「責任」放回孩子自己的身上，而非直接把我貼上壞學生、懶學生的標籤。多年後，當我踏入教育領域，也明白老師不是不能責備孩子，而是要幫助孩子自己意識到問題，孩子才會願意去解決。

回頭來看，我諸多的人格特質在小學高年級時就有了雛形，後續的發展盡是在這些根基上持續成長而已。在這探索、學習的階段中，我常常犯錯，但鮮少因犯錯而被痛罵或痛打，父母親、師長總是處變不驚地與我溝通，讓我慢慢理解大家是「為我好」，而非直接強加標準在我的身上。最深的責備，就是讓孩子自己責備自己。

● 父親是我永遠的榜樣

相較於我母親，父親比較木訥寡言，但同樣有智慧。

有一次，我偷了錢去買巧克力吃，心想只是「借」了十個一塊錢，應該沒什麼。幾天後，父母親發現他們放零錢的小撲滿變得很輕，便知道有問題。他們並沒有直接把我抓去問，而是等到一次當場活逮的機會。

被抓包那天，我心想慘了，不知道要被處罰成什麼樣子。然而父親卻只是把我叫過去，問我知不知道自己做錯了什麼。接著他說：「冠緯，為了你所做錯的事情，爸爸要打你『一下』，但爸爸希望你知道，我打你，並非出於我個人的怒氣，而是因為你做了一件不對的事情。爸爸愛你，希望你可以改過。」

◆ 父親雖不多話，但其以身作則的教養模式令三個孩子心服口服。

說完，他就用衣架輕輕地打了我的屁股一下。接著爸爸抱著我，跟我說他很愛我。在那一刻，我再也控制不住自己的情緒，痛哭失聲。我哭，並非因為屁股疼，而是無比的愧疚，因為我感受到父親的失望。

我何其有幸，有這樣的父親、母親、師長，為我奠定了良好的生命基礎，去面對未來升學、愛情、工作等各種各樣的挑戰。在一個孩子的成長過程中，再也沒有比父母親與師長更重要的角色了。如今，身為一個教育人，我何其有幸能參與在別人的生命中，因此，我十分珍惜與每一位孩子的互動。

或許在不久的將來，我也會成為一位父親，而我盼望我也能效法我父親的榜樣。

Chapter 2

半瓶醋響叮噹

——不上不下的青春期

「濫用青春勝於虛度青春。」

—— 十九世紀法國作家，喬治・庫特林

小屁孩的悔改

「這題這麼簡單，」我輕佻地應付著同學，「真正在流動的是電子，而不是質子。」同學把理化講義蓋了起來，勉強擠出一聲「謝謝」，轉身快步離開。

「不是還有幾題要問嗎？」我還搞不清楚發生了什麼事……

自從我由倒數第三名進步到第一名後，便持續保持在全班前三名，並且以議長獎❸的成績自後埔國小畢業，而不懂得謙虛為何物的我也開始變得頗臭屁。進入重慶國中音樂班以後，大部分的同學更專注在術科能力的提升，再加上數學、自然科比國小更難，因此在這兩個科目的學習上常常遇到問題。我國小畢業時已經決定高中以後不再走音樂的路，會繼續讀國中音樂班，是考量到學習環境較為單純，所以我比班上大部分同學多花了一些時間在課業上，也因為對於數理科的興趣與投入，在數學、生物和理化的表現特別好。

升上國二，自然科從生物變成了理化，數學則從二元一次方程式變成一元二次方程式，整體課業難度有不小的提升，因此同學在作業、小考上往往遇到卡關的情形。由於班上能請益的對象不多，許多同學常會在下課時問我問題。而在為同學解惑的過程中，我越來越自我感覺良好，自認為是同學課業的救世主，每每在回答問題時，態度就好像在施捨同學。

「這題一元二次多項式一眼就可以因式分解了，你看得出來是（2x-3）（x+1）嗎？」

「唔，看不出來耶。」同學洩氣地說。

「這麼簡單！不然你用十字交乘法慢慢湊，我懶得在這邊解釋了，先去算一算再說吧。」我露出不屑的表情，好像同學欠我諮詢費。

一段時間後，幾位同學受不了我這種囂張的行徑，加上我常常跟老師打小報告，便聯合其他同學排擠我，並給我取了個「導師之子」的綽號，見到我就對我擠眉弄眼做鬼臉；經過我的桌子時，還常會「不小心」撞一下，尤其是在下課時間，當我想提早完成作業時，大家「不小心」的頻率總會大幅提升。

我們班有一位主修低音大提琴的女孩，她的身高超過一百七十三公分，能夠駕馭這種需要站著演奏的巨大弦樂器。國二上學期，她恰巧坐在我的後面，由於她對我也是積怨已久，便經常會在上課時踢我的椅子。

即便受到如此排擠，我依舊不認為自己有什麼錯，只覺得同學怎麼不珍惜我這個理科小天才。這種與同學交惡的狀況持續惡化，直到二年級下學期某個星期四上午，事情才有了轉變的契機。

病痛總是發生在意料之外

那天早上，我與同學、國三學長姊、國一學弟妹一起上合奏課。我拉小提琴第二部，坐在距離首席有一點遙遠的最後一兩排，所以對我來說，合奏課是堂輕鬆的課，反正大家都在拉，我只要輕巧地控制我的弓，不要發出太多聲音就好，活像是現代版的濫竽充數。

沒想到拉到一半，我的肚子突然痛了起來，感覺像是有人把我的腸子打結、拉扯、扭轉，我痛到幾乎在地上打滾。音樂班主任看我臉色慘白，連忙把我帶去辦公室休息。然而，我越躺，肚子越疼，嘗試把身子蜷縮起來，頭都快碰到膝蓋了，疼痛才略微舒緩。但很快地，這個方法也失效了，主任看情況不對，趕緊撥電話給我母親。

媽媽在接到電話後，急忙趕到重慶國中，帶我去就醫。到了附近的地區醫院，醫師幫我做腹部超音波，但是因為我一直把肚子縮起來，醫師也只能簡單地掃一下。拿了一些腸胃藥後，我回家倒在床上，昏了過去。

不久，我再次被強烈的腹痛給弄醒，在床上翻滾哀號，好像在戰場上被炸傷的戰士，已經顧不得平常的形象。傍晚時分，父母親把我送到板橋亞東醫院掛急診。經過初步評估，醫師也無法確定問題出在哪裡，只幫我打了點滴，給了些塞劑，卻似乎完全無法舒緩疼痛。後來在急診與內科醫師的協調下，我被轉入病房，安排隔天早上做胃鏡❹。

晚上，教會的弟兄姊妹、牧師、傳道人都趕到醫院來關心我。大家圍著我，為我禱告，我知道大家充滿好意，但顯然在那個時刻，禱告並沒有發揮什麼神奇的效果。晚上十點多，由於隔天星期五還要上班上課，大夥陸續離開病房，而父母親經過協調，決定由父親留下來陪我過夜。

臨走前，媽媽對我說：「冠緯，你星期天要受洗，想想看有沒有什麼不討上帝喜悅的事情，如果有，就在禱告裡面跟上帝說，向祂悔改。」

近一整天沒有吃飯的我，只能用一聲「噢」，表達我的同意。

事實上，那個星期天恰好是復活節，那一年上半年的受洗正是安排在那一天。對基督徒而言，一般認定一個人十二歲以後才足夠成熟到可以宣告自己的信仰，因此我國二時，我的輔導便問我要不要受洗。而對一個從小在教會長大的孩子來說，受洗好像是一定要的，再說哥兒們都受洗了，哪有不一起洗一洗的道理？你問我聖經的真理是什麼，我可以把在兒童主日學學習到的標準答案跟你分享，但這個信仰與我的生活到底有什麼相干，在決定受洗時，我並沒有這麼確定。

時間來到半夜十二點，我已經翻來覆去一個小時了，但我的肚子依舊在跟我抗議，完全沒有要休息的跡象。我想了想母親的話，決定試著做個「悔改禱告」看看。

「親愛的上帝，祢好。我是冠緯，我現在肚子好痛，而且人又很累，但是媽媽要我跟祢禱告，所以我決定試著跟祢說話。媽媽要我『悔改』，可是我不知道要悔改什麼。總之，祢可不可以讓我的肚子不要痛？」

就在我禱告到一半時，突然想起跟同學發生的那些摩擦，在意識略微模糊之際，腦海中浮現同學們問我問題的畫面，而我變成一個第三者在一旁觀看。在那個時刻，我才發現自己的表情是多麼地跩、口氣是多麼地不耐煩，也開始感覺到自己內心有一個很強的「驕傲」，覺得別人都不如我。當下我明白過來，或許這就是所謂「不討上帝喜悅的事情」吧。

「親愛的上帝，我為我的臭屁、驕傲向祢認錯，如果在我回答同學問題的過程中，傷害了別人，請祢原諒我、赦免我。」禱告到這，我的胃霎時感覺像是整個要翻了過來，我開始狂吐，吐出一坨坨黃色黏液。

「上帝原諒我……」我邊禱告邊吐。身體裡面好像有一股能量需要被宣洩出來，我繼續作嘔，甚至開始吐出墨綠色的膽汁。

那一晚，我就在禱告與嘔吐間度過。印象中，我最後一次看到時鐘，顯示清晨五點，之後我整個人就昏了過去……

● 問題來得快，去得也快

「冠緯弟弟，起床囉，要去做檢查了！」

我微微地睜開眼，原來是護士阿姨要送我去做胃鏡檢查。我坐了起來，手扶在肚子上，突然間整個人醒了過來，因為我意識到我的肚子一點都不會感到不舒服。伸伸懶腰，我感覺自己好輕盈，大概是真的脫了太多水吧。

進了檢查室，醫師先叫我吞了一些消化道適用的麻醉藥，以減輕待會兒胃鏡粗管進入口腔、食道與胃部的不適。有趣的是，醫師好像知道我未來要考醫學系，竟然讓一個十四歲小孩看著自己映在螢幕裡的消化道，並且向我一一解釋畫面上的內容。

「小弟弟，你看，這就是你的胃，有沒有看到上面很多皺褶？所以當你吃進很多東西時，胃才能夠被撐得大大的。噢，你看看這裡，有一點點發炎的跡象，不過不是很嚴重。」

「喔、喔。」我一邊盯著螢幕，一邊維持嘴巴張開的姿勢，只能嘗試發出一點聲音回應醫師。

「沒什麼問題，你等一下就可以出院了。」

我睜大眼睛看著醫師，好像一個嫌疑犯突然被宣判無罪釋放，應該要開心，卻一時反應不過來。

幾小時後，我與母親在社區樓下新開的涮涮鍋店咀嚼牛肉片，重新享受熱食下肚的滿足感，但我依舊不明白先前肚子到底發生了什麼事，還有為什麼我一禱告就會吐。

● 信仰成了最重要的動力與幫助

出院的那一天晚上，我到教會參加受難日崇拜，紀念耶穌被釘在十字架上，為我們的罪而死。唱完詩歌後，牧師拿起聖經念了一段，「以賽亞書五十三章五節這邊說道：『哪知他為我們的過犯受害，為我們的罪孽壓傷。因他受的刑罰我們得平安，因他受的鞭傷我們得醫治。』親愛的朋友，你們要知道……」

瞬間，我突然明白了過來，在將近二千年前的這一天，耶穌替我受苦，「因他受的鞭傷我們得醫治」這句經文，不再是主日學背誦的每日金句，而是發生在我生命當中的真實故事。雖然我沒有直接聽到上帝、耶穌對我說話，但是透過這件事情，我好像隱約地感覺到祂垂聽了我的禱告，讓我把那些驕傲都吐掉。

復活節那一天，我快快樂樂地受洗了。

後來回想，我覺得上帝好像不想讓我不明不白地受洗，一定要我知道祂是存在的，而且會跟我互動。此後，信仰成了我生活最重要的動力與幫助。

星期一回到學校後，同學對我的討厭依舊沒有改變，不時還是會聽到「導師之子」之類的言論。不過因為緊接著要理化小考，所以還是有同學拿問題來問我。

「嗯，你哪裡不懂呢？」

「這個莫耳的定義，我怎麼也搞不清楚。」

「那你先試著說說看你對莫耳的理

◆ 我與我的夥伴們一起受洗，用蛋糕象徵生命的重生。

解……」

不知道為什麼，我感覺自己比平常更有耐心，雖然花了比較多時間解釋，但同學在聽完講解後都很滿意，還對我說了聲許久未聽見的「謝謝」。

接下來幾個星期，大家發現呂冠緯好像變了一個人，竟然不會在解答問題時嘲笑同學，還會主動做延伸的解釋。

回想起來，我並沒有刻意要做什麼改變，只是覺得嘲弄人有點無聊罷了。從此，我跟同學的關係開始有所突破，甚至有同學在問完問題後，還會去福利社買小點心來答謝我。

學會謙卑這門功課

同年的聖誕節，我打算邀請全班同學到教會參加活動。那時我們已經升上國三，為了準備升高中的基本學力測驗，同學們的假日活動越來越少，大多在家讀書。讓我印象很深刻的是，當我在聖誕節前幾天，在班會上邀請大家自由參加這個活動時，臺下一陣歡聲雷動，「我要去」的聲音此起彼落。

聖誕節當天，全班二十八位同學竟然來了二十六位，給了我莫大的鼓勵。

活動結束以後，我把同學們送離教會，心中的滿足感難以言喻。半年多前，我還無法想像什麼叫做跟同學和平共處，如今同學們竟然願意參加我所邀請的活動，這真的是一份最棒的聖誕禮物。

「上帝，謝謝祢教導我謙卑這個功課。」我仰望昏暗的天空，看著幾顆閃爍的星子，呢喃自語。

❸ 在臺北縣（現升格為新北市），第一名畢業的領取「縣長獎」，第二名則是「議長獎」。

❹ 胃鏡的全名是「泛上消化道內視鏡」，是將一根黑色塑膠包裹的導光及目視纖維，由口腔放入胃內，用以檢查食道、胃與十二指腸是否有潰瘍、出血、腫瘤等問題。

你還有什麼樂器不會

「冠緯，你還有什麼樂器不會？」

下臺後，幾位聽眾湊上來，七嘴八舌地問我。

就在幾分鐘前，我還坐在三角鋼琴前，在黑鍵白鍵之間，用自己的曲調，自彈自唱出與上帝相遇的故事。音樂進入副歌前，鍵盤手從後臺走了出來，三秒內，她先接管了左手的伴奏，緊接著補上右手的旋律；我緩緩站起，步向距離不遠的爵士鼓。

「咚呲叮呲呲咚叮呲」，恰好在進入副歌時，鼓聲與鋼琴聲準確地配搭在一起。副歌即將結束之際，鼓手也步上舞臺，與我換手。我拿起一旁的小提琴，拉了一段間奏。在弓與弦的摩擦之間，瞥見臺下幾位聽眾露出疑惑與略微驚訝的表情，我笑了一下，好像明白那些表情的意涵。

之後我將小提琴換成電木吉他，其他團員也都上了臺，回到主歌，讓整首歌的編曲達到更飽滿的境地……

我母親是音樂老師，父親則是美術老師，而我與兩位妹妹從小就接受古典音樂的訓練。我常常跟別人開玩笑，看我們三個兄妹接受教育的情形，就知道在家裡父母親誰比較強勢。

在後埔國小、重慶國中時期，我總共讀了九年的音樂班，主修小提琴，副修鋼琴。然而，或許是從小喜歡特立獨行，當大部分的人專注在主副修的練習時，我卻對樂理、視唱聽寫、和聲有更濃厚的興趣。國一時，教會裡有許多大哥哥在玩搖滾音樂，我常常會在他們練團時目不轉睛地盯著，不自覺地隨著鼓手在大小鼓、左右鈸之間的節奏裡搖頭晃腦。

有一次，我鼓起勇氣發問：「大哥哥，可以讓我打看看嗎？」就這樣，我獲得了第一次打全套爵士鼓的經驗。

當我打了兩個小節後，大哥哥打斷了我：「你以前有打過嗎？」

我害羞地搖搖頭。

「哇，那你還滿有天分的耶！很少人第一次打就把大鼓、小鼓、Hi Hat❺的節奏對在一起。」

事實上，自從看到大哥哥打鼓以後，我常常一邊在旁邊看著，一邊用雙手代替鼓棒、大腿代替鼓面有樣學樣地「打鼓」。在公車上、在教室裡、在書桌前，我會不自覺地練習；甚至在讀書時、聽課時、寫考卷時，我的腦海裡也充滿節奏。我的國高中同學都笑我說，我可能是得了亨丁頓舞蹈症❻，無法控制自己的身體。

在教會打過幾次真鼓以後，我開始跟我父母親懇求，希望能買一套鼓回家。我們家約三十坪左右，並不算大，又有三兄妹，再加上家裡已經有一架平臺鋼琴，我本來以為他們答應的機率很低，沒想到父母親竟然爽快地答應了。

叮鈴鈴鈴、叮鈴鈴鈴……

「喂？」

「呂先生嗎？您好，這邊是警衛室，你們家樓下住戶反應敲打聲太大，已經超過晚上八點了，他們想要休息。」

「好的，我會跟我兒子溝通。」

自從爵士鼓搬進我房間後，家裡不時都會收到警衛室的通知，因為我們家已經和鄰居達成了默契，只有早上九點到十二點和下午四點到晚上八點可以打，但我有時太過投入，一時忘了時間，就造成別人的負擔。奇妙的是，父親接到電話時，鮮少責備我，反而常常替我思考怎麼樣降低音量，找來了吸音海綿、弱音環，建置在鼓的周圍。在加強了相關設施後，有時不小心打超過時間到晚上八點半，也沒有人抗議。

就這樣，爵士鼓陪我走過精力旺盛的國中一年級、二年級，而班上男同學知道我家有爵士鼓後，不時也會相約到我家，一同來「發洩一下情緒」，把累積的壓力透過敲擊鼓與鈸抒發出來。

國三時，父母親的好朋友送了一把吉他給我，因著好奇，我開始拿來玩。或許是有小提琴基礎的關係，許多人初練吉他那種指尖被弦切割的疼痛感，對我並沒有造成太大的妨礙。由於國三空檔較少，我利用晚自習後回家的時間練習；沒有找老師，自己看書練，很快就可以自彈自唱。後來的創作、編曲也都是這樣自學的。

•喜歡廣勝於深，尋找突破點

回想這一切，我真的很感謝父母親給我的栽培，讓我多方接觸。在我自學這麼多樂器的時候，

◆我喜愛玩音樂，在鋼琴、小提琴的基礎上繼續學習爵士鼓與吉他。

漸漸發現音樂有許多互通的地方，而且整體樂器的學習是站在樂理與音感的基礎上；當我的腦袋跟耳朵經過訓練以後，它們就是我最好的老師。甚至數學好對於學習這一切也有幫助，在推算和弦、了解節拍上，都會比別人快，而我漸漸發現，許多事物的道理好像都是彼此關聯的。

這樣的經驗型塑了我的學習特質，也就是喜歡廣勝於深。事實上，廣是深的重要基礎。現代社會過度強調專才，這是哲學觀點「化約論❼」所帶來的影響。也就是說，當我們要解決一個問題，傾向找專家，盼望透過將事物切割、分析後，釐清到底是哪一個環節出了問題。然而，許多的事物應該用更整體的眼光來看待，才有可能找到突破點，這則是「整體論❽」的思維。在這裡我並沒有要去深入討論這兩種哲學觀點，僅是想凸顯大部分人會問我「你還有什麼樂器不會」時，代表的是大家認為一個人頂多學一、兩種樂器。或許限制我們的並非能力，而是我們腦袋裡的想法……

「冠緯，你還有什麼樂器不會？」

「我不會的樂器很多呀！管樂器幾乎都不會，連笛子都沒有吹過。不過先前我試著吹吹看我妹妹的小號，發現吸氣吐氣的過程，跟游泳時的韻律呼吸還滿像的！」我不假思索地回答這個熟悉的問題，好像已經被問過幾百遍一樣。「只要是我有興趣或好奇的，一定會再去學學看，畢竟我現在會的這些，都是這樣學來的。」

如果你問我還有什麼樂器不會，或許可以問問自己：「如果勇敢試、認真學，還有什麼樂器是我們學不會的？」

❺在整套爵士鼓組中，Hi Hat即需要配合踏板控制上片和下片的開合腳踏鈸，主要是為了固定拍子打點用，一般會擺在整套鼓組的最左邊。

❻Huntington's disease，又譯亨廷頓舞蹈症、杭丁頓舞蹈症等，是一種遺傳性神經退行性疾病，起因於第四對染色體異常，病發時會無法控制四肢，就像手舞足蹈一樣。

❼Reductionism，認為複雜的系統、事務、現象可通過將其化解為各部分之組合的方法，加以理解和描述。

❽Holism，主張一個系統（宇宙、人體等）中各部分為一有機之整，不能割裂或分開來理解。根據此觀點，分析整體時若將其視作部分的總和，或將整體化約為分離的元素，難免有所疏漏。

陌生的藍色大門

「冠緯，千萬不要去讀附中，會玩瘋的，還有第二次基本學力測驗可以考，建中就在不遠處！」

打從小學六年級，我就知道音樂不會是我一輩子的專業。國中時為了維持在一個相對單純的學習環境裡，我繼續在音樂班裡學習，但是很早就跟班導師、音樂班主任溝通，我會朝學科的路發展。因此到了國三，我的主副修老師都給我比較輕鬆的曲目練習，讓我有更多的時間讀書。

國三每一次的基測模擬考，我的PR值都是99，這讓我更有信心在不久的將來穿上卡其色❾制服在南海路❿上晃來晃去。

由於國三時有晚自習，需要家長輪流陪伴，每個晚上會有不同的爸爸、媽媽陪我們一起讀書。其中有位同學的爸爸知道我的成績不錯，常常會在休息時間跑來鼓勵我：「冠緯，模擬考考得不錯喔！加油，建中就在不遠處。」

我總是笑笑地點頭，看似靦腆，但內心實則激動不已。「沒錯，我一定會上建中的！」我對自己說。

人生時常是結果不如預期

我參加的是民國九十一年基本學力測驗，是第二屆的基測。由於當時的量尺分數扣分方法與一般考試大不相同，我們常常會被提醒強科務必要全對，因為錯一題扣的分數最重。在第一次基測時，擅長英文、數學、自然的我，順利地在數學拿了滿分六十分，自然也僅錯一題扣三分，但英文卻錯三題，扣了六分。由於國文和社會本來就是我較不擅長的科目，兩科加起來就扣了二十二分，因此我的總分是二六九分，拿了我國三諸多考試裡的第一個「PR98」。

當時，我的英文老師都無法理解，我怎麼可能在基測英文錯了三題，也因為扣了這六分，使我與第一次申請總分要二七二分才能上的建中失之交臂。我的數學老師建議我，或許可以去考考看數理資優聯招，雖然志願只有建國中學、師大附中與板橋高中，但只要數學、自然科考得夠好，或許能進建中數理資優班。於是，一個讀了九年音樂班的小男孩竟然跑去報考數理資優考試。

放榜那一天，我跑到音樂班辦公室的電腦前，掃過榜單一眼，卻沒有看見自己的名字，我淡定地安慰自己，反正還可以拚第二次基測。但就在我要離開前，再瞄了一眼榜單，卻發現「呂冠緯」三個字就在上面。我沿著名字往上看，發現幾個不太熟悉的字——國立師範大學附屬高級中學。我竟然誤打誤撞考上師大附中數理資優班！當下我不知道是要開心還是難過，因為我從來沒想過要讀師大附中，好像公主早就心有所屬，對其他人的告白一點都不動心。

我開始向不同的老師請益，有的老師說附中學生太愛玩了，讀附中數理資優班不如讀建中普通班；但也有老師說「寧為雞首，不為牛後」，你在附中比較可能當頭，或許對你的發展會比較有幫助。在這些衝突的意見裡，我實在無法拿定主意，直到爸爸跟我說：「去校園走一遭吧！」

● 地靈就會人傑

去附中的那一天，我從板橋的家輾轉搭了兩輛不同的公車，來到美國在臺協會。過了條馬路，就是附中了。師大附中是我許多同學的第一志願，因為附中音樂班確實是最傑出的高中音樂班；我還聽過一位大我兩屆、考上附中音樂班的學長跟我說，附中的校園多麼大，橫跨信義路到仁愛路，是臺北市最精華的地段之一，而地靈就會人傑。

當時我只是聽聽，沒想到一下車，「地靈就會人傑」這句話，就這樣跳入我的腦海。滿懷好奇心的我，一看到校門便皺了下眉頭，心想怎麼會這麼小？後來我才知道，附中的校門是全臺北第二小的。那最小的呢？就是更為地靈人傑的北一女了！

一踏進校門，剛剛的疑惑瞬間轉為驚奇，我不禁脫口而出：「天呀，這間學校怎麼這麼大？」我從門口穿過三棟大樓與一棟老舊建築的川堂，來到了操場。只見樂教館還在數百公尺外。當我走到靠近後門的樂教館時，看看手錶，從踏入前門算起已經過了十分鐘。我曾在國中時自豪很有深度，但我的心卻很膚淺地被這偌大的校園給擄走了！

頓時，卡其色在我的心中降級為大便色，我對自己洗腦，附中應該也沒有比建中差多少。坦白說，我不確定我到底是想清楚了這個決定，還是在逃避面對第二次基測，總之，我去了附中。

這個決定很快地在我們班上傳開來，畢竟音樂班已經很久沒有考上建中的同學了，大家都希望我可以替音樂班爭一口氣，於是我面對很多的「規勸」，要我再想一想。而謝師宴那一晚，當初鼓勵我「建中就在不遠處」的那一位爸爸特地找了個空檔，跑到旁邊跟我說：「冠緯，千萬不要去讀附中，會玩瘋的，還有第二次基本學力測驗可以考，建中就在不遠處！」有趣的是，同樣一句話，當初聽起來是鼓勵，但在當下卻覺得有些刺耳。我勉強擠出微笑，應付了一下，那時的我還沒有成熟到懂得如何面對各種各樣的批評指教。

如今想想，人生就是這樣，常常結果不如預期，而在作決定時往往需要面對不同的聲音。但我們既不是先知，無法完全準確地評估每一條路走下去，到底會變成什麼樣；同時我們也沒有時光機能倒帶重來。幸運的是，當初陌生的藍色大門裡卻潛藏著如今我最引以為豪的藍天。

❾ 臺北市立建國中學的制服顏色。
❿ 臺北市立建國中學校門所面對的馬路名稱。

Chapter 3

那最好的選擇了我

——本想穿卡其色制服的藍天之子

「人生中最困難者，莫過於選擇。」

——《烏托邦》作者，湯瑪士・莫爾

「媽，我想轉學」

「媽，我查過了，建中不收轉學生，看來是無法轉學了。」我有點挫折。

「當初要讀附中是你自己作的決定，要自己負責喔！」媽媽提醒我。

剛進附中時，一切都是如此新奇有趣。超過八．三公頃的校園、偌大的藍天、特殊的小號鐘聲、獨一無二的班號，都讓小高一們感到非常新鮮。開學沒幾天，學長姊就辦了一個「社團聯合迎新」，學校的中興堂內搭起專業的燈光音響，熱舞社、吉他社、康輔社……每個社團都活力四射，真的很難想像在上面表演的僅是大我們一、兩屆的高二高三學長姊。

下課時，我總喜歡跑去聽直屬學長姊講話，聽他們說附中的兩大盛事，畢業舞會與畢業典禮。

「學弟，我跟你說，沒有一個高中可以不用邀請藝人來畢業舞會演出，只有附中辦得到，因為我們的熱舞社與吉他社水準太強了。」

「還有還有，學弟，你有聽過哪間學校的畢業典禮會花到一百萬嗎？附中的畢業典禮就是這麼屌！」學長姊七嘴八舌地說。

當我看著自己的制服上繡著「1059呂冠緯」時，確實有種奇妙的感覺。不論我升到幾年級，或者是畢業，永遠都是1059班，不是一年十班，不是二年射班，就是1059班。在公車上，三不五時會遇到大學長跟我們打招呼，說他是500多班、300多班，甚至是100多班的。還有一個特色，就是對就讀前三志願的學生們來說，附中是唯一男女合校的，甚至有的班級是男女合班。因著男女合校，附中的男女生互動裡有一個有趣的借外套文化。

某次上完體育課回到班上，因為運動後有點熱，我便把外套掛在一邊，讓身體快點冷卻。

「冠緯，我今天忘了帶外套，現在有點冷，可以跟你借外套嗎？」坐在左前方的女同學轉身，雙手交叉環抱雙肩問著我。

「喔，好啊！」看著同學有一點點冷的樣子，我爽快地答應了。

過幾天的體育課，我發現這位同學又恰巧忘記帶外套，就把外套借給她穿。過了幾天，有另外一位女同學也忘了帶外套，先跟我借了，而之前那位女同學要跟我借的時候，發現外套被借走就有點生氣。

那一瞬間我感到疑惑，咕噥著：「這到底是妳的外套還是我的外套呢？」

後來班上的男同學為我解答了這個疑惑。

他們說附中女生會藉由「穿男生的外套」來宣示主權，我突然明白為何常會看到其他班的女同學穿著極不合身的大外套在下課時晃來晃去，原來這跟在釣魚臺上插國旗是一樣的道理。

在這樣的環境裡，每個人很快地建立自己對「附中人」身分的認同感，我當然也不例外。然而，這樣的蜜月期很快地就過了，曾有好一段時間，我對於自己沒有考第二次基測深感後悔……

◆我們班是男女合班，我在右二。

態度決定高度，把自己當作改變的起點

剛進附中數理資優班時，同學問我對於自己的課業有什麼樣的期待，我回答說：「大家國中時都這麼厲害，我覺得第一次段考能考全班前十名應該就很不錯了！」沒想到

那一次我考了全班第一名，連我自己也嚇了一大跳。

連續幾次考試，我不是第一名就是第二名，但是我的校排名總是很難擠到前面，甚至有一次考全班第一名，但僅是全校五十名。如果以全年級二十七個班，每個第一名排過一輪，好歹也要排進前二十七名，雖然當時導師以「資優班的題目比較難」來安慰我們，但我漸漸覺得一定是我們班太混，沒有競爭力，因而開始嫌棄班上的同學。

我想起國中時那位勸我不要讀附中的爸爸，雖然他說錯了，我並沒有玩瘋，但確實有許多同學參加兩個社團，活動、聯誼很多，總是段考前一、兩週才臨時抱佛腳，令我看在眼裡很不是滋味。

我開始跟父母親、師長透露轉學的想法，常抱怨「附中學長姊說什麼附中人『能K能玩』根本就騙人，附中僅是少數人能K、大部分人愛玩的組合」。直到確定建中沒有轉學考，也不收轉學生，我才終於打消了轉學的想法。

那時在教會帶領我的牧師知道我的狀況以後，鼓勵我說：「人面對挫折時，不應該抱怨環境，如果一味地將責任推給環境，永遠不會有真正的突破。只有把自己當作改變的起點，才有可能帶來不一樣。」

我把這些話聽進去了，後來在某本雜誌看到臺中一中的學生會建立讀書團隊，便決定效法他們，開始籌組讀書小組，跟三五好友一起讀書，也一起練球，不僅和同學建立起深厚的戰友情誼，也活絡了班上的讀書氣氛。到了高三時，全校前十名有四名在我們班，這樣的進步確實驚人！

畢業以後，我常常想起這一段經歷。

它讓我明白，我跟所有人一樣，在環境不順己意時都容易抱怨，而且總喜歡把矛頭指向別人。換個環境固然可能解決部分問題，但真正的核心還是在自己的態度。當我聽從牧師的建議後，從自身態度的轉變所帶來的突破，才是往後能夠持續複製的。

「態度決定你的高度」雖是老生常談，但這句話卻從觀念變成我生命中的真實經歷！

◆ 在臺上解數學的模樣。

施比受更為有福

「嗨，你也決定來附中啦！這麼巧！」高中入學報到那一天，我一進校門就看見一張熟悉的面孔。

「耶，你怎麼在這裡？」

他叫做胡升鴻，國中時就讀鼎鼎有名的臺北市中正國中，那所國中一年有一百多個畢業生考上建中、北一女，相當驚人。我和升鴻是在參加國語日報社為數理資優聯招辦的衝刺班裡認識的。當時我們都是第一次基測小失常，想試著以別的管道拚拚看建中，沒想到我們都上了附中數理資優班，最終也都決定來就讀。升鴻是我在附中唯一一位國中就認識的同學，加上我們兩個人都喜歡打籃球，很自然地就變成了好朋友，上課下課都玩在一塊。

升鴻是心算高手，具有國手的資歷，四位數乘以三位數一點都難不倒他，以往在算化學的理想氣體方程式⓫時，我總會直接問：「升鴻，0.082×313等於多少？」

他可以在三秒內回答：「25.666吧！」

我立即拿起手機驗算，驚訝地發現一位數也不差。

或許就因為對數字有著敏銳的感覺，升鴻總是不斷地在追求「效率」，而他漸漸發現要把課業讀好的最佳方式，就是跟呂冠緯一起讀，所以他會跟我借筆記、問我問題。

剛開始，面對升鴻的請求，我都大方地答應，直到他的段考成績不斷進步，從全班十幾名上升到前十、前七，我開始問自己：如果他一直進步，然後超越我，這樣可以嗎？

這個問題困擾了我一段時間，直到升鴻在跟我練球時講了一段話，才意外地點醒了我。

在競爭中一起進步

升鴻國小時是籃球校隊的成員，雖然國中

◆ 升鴻（右下方）與我（投籃者）一起練球。

沒有繼續在校隊練球，但憑藉著左撇子優勢與怪異的切入步伐，在附中的籃球圈可說是小有名氣。高一時的班際盃籃球賽，1059班靠著他一路過關斬將，以灰姑娘的姿態連續晉級，最終奪得冠軍。

高二時，身為衛冕軍，各班都以我們班為假想敵規劃戰術，特別會針對升鴻來設計防守。

當我在跟升鴻練球時，他總會跟我說：「冠緯，我希望你變得更強，甚至比我強，然後我再進步，又追過你，不論最後誰比較強，在這過程中我們都一起進步，這樣我們才有可能贏得冠軍。」

聽到這一段話，我突然明白過來，升鴻說的一點都沒錯，重點是我們班有沒有得冠軍，而非他是否我們班最強的。我必須將眼光放遠，才能釐清當班上第一名並非真正重點，如果我在一個競爭力很弱的班級，就算一直拿第一名又有什麼用？反過來說，如果同學的競爭力很強，即便我是班上第五名，也不用太擔心，因為我的實力是夠的。

我逐漸明白，名次是一個迷思，名次永遠不代表自己的絕對程度，它僅是我在某一個時空背景環境裡暫時的排序。

雖然二年級上學期的班際盃籃球賽，我們班止步於八強，但我卻因升鴻這段話而意外開竅，從此願意花更多時間回答同學問題、借大家筆記或習作參考，因為我相信其他同學的進步也會激勵我更加進步。有趣的是，在這過程中，我從校排名二十幾慢慢爬升到十幾名、前十名，最終成為全校第一名，一直到畢業。

● 施比受更為有福

起初我也不明白，為什麼我花更多時間解答同學的疑惑、跟同學一起讀書，反而讓自己進步得更多，直到上了大學，看到一個名為「學習金字塔⑫」的理論，才知道教別人是幫助自己記憶延續最持久的學習方式，而我在不知不覺中幸運地透過這個方式熟讀了高中課本內容，這確實可以說是「施比受更為有福」啊！

高二時，另外兩位同學——翁瑋廷與楊承修——加入了我跟升鴻的讀書小組。我們常常會在段考前約到圖書館，或者去其中一個人的家裡面讀書，有問題一起討論，讀累了就打場球。有時我們甚至會自己安排「兩天一夜物理特訓班」或「單日化學衝刺營」，在其中一個人的家裡一天讀個八小時的書，藉由彼此討論，把困難的高中數學、物理、化學給弄懂。

有趣的是，我的夥伴們剛好在不同科目上各有所長，升鴻的數學好，承修對物理有較為深入的研究，而化學總是難不倒瑋廷。我們交流著彼此的筆記、講義，互相分享自己寫到的經典題目。這是我第一次感受到團隊能夠截長補短，有效提升每一位成員的實力。從那一刻起，我不再走獨善其身的路線，孤僻讓我只會抱怨環境、看不起同學，而當我選擇敞開自己、無私給予時，在人際關係、學業成績上都提升了，這確實超乎我的所求所想。

上大學以後，當我到不同國高中分享讀書方法時，總會透過自己的故事，提醒那些在班上名列前茅的同學，千萬不要只為自己想。很多同學起初會跟我辯說：「如果我被其他人拖下去了怎麼辦？」這時我會用激將法的方式回應：「那不就代表你不夠強，還不是個領袖，無法帶著大

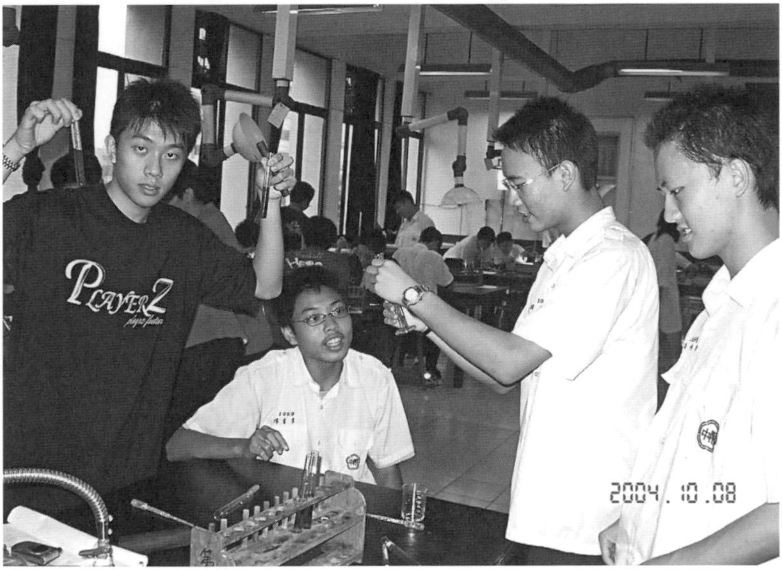

◆我（右二）與瑋廷（左一）、升鴻（右一）一起做化學實驗。

家一起好？」

或許這樣的說法太過尖銳，但我越來越認同知名的大陸企業家阿里巴巴集團董事局主席馬雲所說的：「大家常說心有多大，舞臺就有多大，但我要說責任心有多大，舞臺才有多大。當你願意為一個人負責，你就是很好的自己；你願意為五個人承擔責任，你是個經理；你願意為三百人承擔責任，你是個總經理；你願意為三億人承擔責任，你就是總書記。」能力強的人一定要願意多負些責任，這個世界才有可能更進步。當能力強的人只顧著自己，而讓特質不適合的人去坐在需要替許多人負責的位置上，豈不是禍哉？

⓫ pV=nRT，p為理想氣體的氣壓，V為理想氣體的體積，n為氣體的數量（莫耳數），T為理想氣體的絕對溫度，R為理想氣體常數（常見的數值為0.082atm・L・mol-1・K-1）。

⓬ Learning Pyramid，美國學者艾德格・戴爾（Edgar Dale）提出了「學習金字塔」（Cone of Learning）的理論：在初次學習兩個星期後，透過閱讀學習能夠記住內容的10%；透過聽講學習能夠記住內容的20%；透過圖片學習能夠記住內容的30%；透過影像、展覽、示範、現場觀摩來學習能夠記住50%；參與討論、提問、發言來學習能夠記住70%；做報告、教學、模擬體驗、實際操作能夠記住90%。美國緬因州國家訓練實驗室（National Training Laboratories）做過類似的研究，結論跟戴爾差不多。但這個報告也引起諸多教育專家的辯論，聲稱「記憶程度」並不代表「學習效能」，因此不適合用「學習金字塔」這樣的名稱。

清晨四點半

「升鴻，你還好嗎？」我敲了廁所的門，卻沒有半點反應，轉了一下門把，發現門沒有鎖，便直接打開廁所的門……

這是「清晨四點半計畫」。升鴻在知道我利用早睡早起來增加早上讀書的時間後，決定要採取同樣的策略，提升高三時衝刺的爆發力。但在試了幾天以後，他非常挫折，因為四點半起床對他來說真的太早了。

「冠緯，你到底是怎麼辦到的？你可不可以來住我家？這樣離學校比較近，你方便，又可以順便幫我調作息。」

聽起來是一個好點子，因此我在高三上學期住進升鴻位於古亭站的家，比起我在中和、板橋交界的家離師大附中近多了，而我的任務就是成為生活作息訓練專家。

什麼是「清晨四點半計畫」？這是我從高二開始的生活作息模式，就是四點半起床讀書。大部分的人會想：你是瘋了嗎？四點半耶！但事實上，我的睡眠時間並沒有比一般高中生少。許多人是十二點睡，早上六點起床，總共睡六小時，而我只是將上床時間往前推兩小時，十點到十點半之間就睡了。

之所以會這樣做，是因為我發現自己的專注力有限，如果要一整晚讀四、五個小時的書，我真的會坐不住；而在幾次調整作息的過程中，意外發現利用睡眠切割讀書時間可以讓我更容易專注。一般來說，五點下課以後我就會搭車回家，吃過晚飯，盥洗一下，大約七點左右，接著我會讀三個小時的書。隔天起床又有四點半到六點的時間可以讀書，然後才吃早餐，出門搭車上學。

其實早睡早起的最大好處是「避免試探」。我曾經試過幾次在十點到十二點之間繼續讀書，但發現自己在這段時間最常做的事情就是上網晃一晃，看看MSN上有沒有可以聊天的人，所以我幾乎沒有高效率地讀過書。當我改走早起路線後，四點半幾乎沒有人在線上，一早起來也比較不會想偷懶，就只能讀書。每天能專注讀書的時間比別人多一個小時，累積一年下來是非常可觀的，我想這是我高二之所以能慢慢進到全校前五名，甚至是全校第一名的重要原因之一。

不過這當中有一個重要的挑戰要克服，就是「四點半」真的要起得了床。我從兩個面向來著手，第一個是信念層面，第二個是執行層面。

我查了一些書籍，發現睡眠是有週期性的，一般來說，一個週期是九十分鐘，前兩個週期會達到深眠，第三、第四個週期的深眠期會大幅減少，第五個週期以後則大多為淺眠，因此睡六個小時算是很足夠的。在建立這樣的觀念後，我便會時常跟自己說：「既然你十點半就睡了，四點半起床再合理不過。」若沒有基本的精神武裝，其實很容易在遇到困難、挫折後就放棄了。

信念建立以後，重要的便是如何執行了。由於我是睡在上下舖的上層，房間就在父母親的隔壁，因此我總是將設定的鬧鐘放在書桌上，一旦鬧鐘鈴聲大作，我就會趕緊跳下床，按掉鬧鐘，免得吵到家人，而且跳下床要再回床上有段距離，我便會「懶得」躺回去，如此便順利起床了。

然而，能夠養成這樣的習慣，撐過最初的撞牆期，絕非單靠自己就可以了。我非常感謝我的母親在知道我要執行這樣的計畫後，便決定跟我一同四點半起床，雖然她讀不懂高中的排列組合、克卜勒定律，但她可以在廚房準備早餐，或者是讀她的聖經，讓我感受到即便是清晨時分也不孤單，這樣的陪伴確實讓我更不會隨意放棄。

而當升鴻在高三時邀請我去住他家，陪他一起調整作息時，我欣然答應了。只因為我知道要靠自己調整並不容易，會需要夥伴，既然好朋友都提出這樣的請求了，又怎麼能拒絕呢？

好習慣養成不易，有夥伴更好

到了升鴻家以後，升鴻跟我協調說他能否五點再起來，四點半感覺太刺激了。為了避免我的早起影響到他最後半小時的睡眠，我還特別用厚紙板設計出擋光板，在我讀書時避免光線直射還在睡夢中的升鴻。

開始調整作息的前幾天確實是困難重重。首先，我每次都要花十幾分鐘叫升鴻起床，搖、拉、捏，各種動作都做了，他還不一定起來；就算起床了，他也常常在廁所裡搞了很久。有一次他起床去廁所刷牙後，我就很放心地讀起自己的書，等我再次注意到時間時，已經是早上六點了，離升鴻起床整整一個小時。我衝向廁所，以為發生了什麼意外，但開門後見到的畫面卻讓我啼笑皆非。只見升鴻叼著牙刷，倚著牆動也不動，很明顯還在跟周公交涉中。我無法想像，怎麼有人能夠站著睡整整一小時？

雖然在第一個禮拜，這種「睡廁所」的狀況屢見不鮮，不過隨著早起次數越多，升鴻的生理時鐘漸漸地往前提，變成比較早就想睡覺，而開始早睡後，慢慢地就能五點起床。經過一個月後，他幾乎不需要我去掀棉被、拖下床，就能自己起來了。

當升鴻的整體讀書爆發力上來了以後，他的成績有顯著的提升。最明顯的是英文。他高一的英文大多不及格，但到高三時，不僅段考成績開始提升，更厲害的是他在一月份升大學的學科能力測驗拿下15級分滿級分，最後以72級分的高分申請進入了臺灣大學資訊工程學系。身為他的戰友，我真的很替他感到開心，心裡面的成就感如同自己也考入第一志願一樣，暫時撫平了我考74級分，無法申請上臺大醫學系的遺憾。

我越來越明白，好習慣的養成雖然不容易，但當我們有陪伴時，就更有機會達成。不論是我的母親陪伴我，還是我陪伴升鴻，都印證了這個道理。

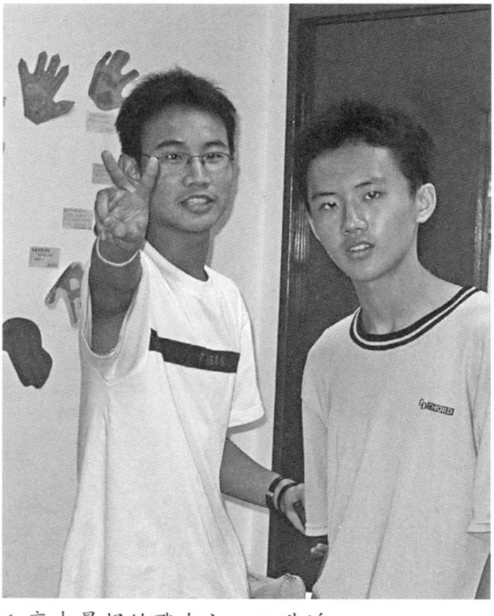

◆ 高中最好的戰友之一：升鴻。

停課四十天

「冠緯，我真的快熱爆了，可不可以開冷氣？這樣模擬考題我寫不下去。」

二〇〇五年，學測考完、成績尚未公布的那個過年，我隱約感覺到自己滿級分的機率不高，決定提早在寒假開始準備七月份的指定科目考試。在包含過年共二十天左右的假期中，除了星期天固定早上去教會、下午去打球以外，每天都讀書十個小時，將高三下的化學與生物課本看完、參考書練習題做完。

很多人聽到我這樣做都覺得我瘋了，不過事實證明我的高三下因此過得相對輕鬆。

管理大師史蒂芬·柯維⓭曾經提出時間管理四象限法則：我們可以把時間依「事情的重要與緊急程度」兩個向度來區分成四種狀況，依序為既重要又緊急、重要但不緊急、緊急但不重要、既不緊急又不重要；而花時間在這四種狀況的效益分別是一分耕耘一分收穫、事半功倍、事倍功半、完全浪費。

一般人容易以緊急度做為處理事情的主要依據，但高效能的人士卻以事情的重要度為思考主軸，因此最大的差別是，大部分的人會等到事情緊急了才做，但高效能的人會趁事情還不緊急時就去處理重要的事情。

當然，高三時我並沒有讀過柯維的書，但當時我所經歷的，就如同他所描述的一樣。我先把高三下化學與生物預習過一輪，之後上這兩門課就變成我複習該科的時間，而週間晚上與週末便可以補強理科中較弱的物理。我知道自己應該算是適合讀書的人，之所以三次北區模擬考都能維持在前三名，僅輸給一、兩位建中或北一女的同學，很大一部分原因是採取比較高效能的時間管理。

而如同所有的體育競賽一樣，我們必須在最重要的日子調整到最佳狀態，為此，我很幸運地找到了一群志同道合的同學，在指考前停課四十天中一起奮鬥。

由於先前與升鴻一起奮鬥的經驗給了我很大的啟發，讓我明白即便我是全班第一名、全校第一名，與

◆ 我以全校第一名的成績畢業，圖為領市長獎的畫面。

別人一起讀書、花時間解答別人的問題仍然對我有益，因為「教別人」其實是最深刻地去咀嚼知識，甚至能跳到老師的層次來看題目為什麼會這樣出，背後要考的迷思概念到底是什麼。因此，我再度邀請瑋廷和承修與我一起奮戰。而當時，我們的讀書團隊也跨出1059班，延伸到了其他班級，甚至還跨出附中，我的好友建中熱舞社社長黃大霖也在這個讀書團隊裡。

那時我們總共有七個人，包括我共四個人住我家，另外三個住瑋廷家，白天在我的教會板橋福音堂五樓的K書中心念書，晚上再一起到我家享受父母親準備的家常菜。

很多人以為我家一定是很富有，所以可以住這麼多人。這麼說也對，也不對。以雙親皆為老師的家庭來說，收入算是穩定，但絕對與富有扯不上關係。我家三十坪大，住五口人，空間上算是略微擁擠；而當四個人一起住在我家時，其實是全都塞在一個約四坪大的房間，兩個睡在我父親用木板製作出來的上鋪，我和大霖則打地鋪。我從我父母

◆ 父親的巧手將四坪大空間運用到極致。

親身上學習到的，正是一顆富有、願意分享的心。

● 用心體會手中握有的每一張牌

在那四十天裡，我為大家安排了讀書、討論、運動、休息的時間，然後按表操課，彼此砥礪不可偷懶。在最後的十五天，我則為大家安排了五次模擬考，找到過去各區的模擬考題目，完全按照指考考程考兩天，然後休息一天，做完整的檢討。過程中讓大家最煎熬的，莫過於「在沒有冷氣的環境模擬應試」⓮。六月下旬，從冷氣房轉換到室溫動輒攝氏三十幾度的環境答題，剛開始每個人都怨聲載道。

「冠緯，我真的快熱爆了，可不可以開冷氣？這樣模擬考題我寫不下去。」承修一邊對答案一邊噴汗。

「不過我覺得這樣滿好的，正式考試時本來就沒有冷氣，如果沒有提早適應，到時水土不服，反而後悔莫及。」瑋廷一語道破我的想法。

很快地來到考試當天，我和瑋廷、承修恰巧在同一個考場應試。或許是早已熟悉考試的時間感與溫度，我們的心情都很平淡，兩天很快地就過去了。

「我跟你講，我寫完物理的時候，看到前面同學背部衣服都濕了，真的好慘。這讓我覺得很神奇，明明我也很怕熱，不過這兩天卻覺得還滿涼爽的。」承修興奮地說。

「對呀，這種天氣變成我們的主場優勢啦！」瑋廷也在一旁搭腔。

就在這樣的「主場優勢」下，我以全國第七名的成績考進臺大醫學系，瑋廷與承修也順利進入他們心目中的第一志願——臺大電機系與臺大物理系。至於我的好友大霖則考上長庚機械系，雖然沒有達到他心目中的理想，但確實遠比他平常模擬考的表現好上許多。

回想起來，當我與第一志願建中失之交臂，進入附中時，我的心情是多麼沮喪，但上帝真的比我更了解我自己。身為一個外表和善但內心叛逆的小屁孩，我總是喜歡「唱反調」，如果進到建中這整體讀書氣氛比附

◆放榜後，社區幫我做了一個超大的紅布條掛在門口同慶。

中盛行的環境，我想我可能會玩瘋了；但進入附中這個社團活動極為活躍的學校，我反而「叛逆」的想讀書，最終考上了臺大醫學系。印度詩人泰戈爾在《漂鳥集》中寫下：「I cannot choose the best; the best chooses me.」意思正是我憑著自己的智慧，想要為自己的人生選擇最好的道路，但最終反而是那對我人生最好的安排主動選擇了我。

各位朋友，請不要誤會我的意思，我不是說每一個人都要以臺大醫學系為第一志願，也不是說臺大醫學系才是最好的選擇。當你繼續往下讀，就會發現上帝只是讓「臺大醫學系」成為我下一階段的「附中」罷了，我相信只要我們努力打好自己手中握有的牌，用心去體會，那麼將發現「那最好的必定會選擇你」。

⓭ 史蒂芬・理查茲・柯維（Stephen Richards Covey；一九三二年十月二十四日－二〇一二年七月十六日），是美國的管理學大師，著有《與成功有約》（The Seven Habits of Highly Effective People）及其他暢銷書籍。

⓮ 二〇一一年以後，大學指定科目考試才能開冷氣，在此之前都是在室溫下應試。

Chapter 4

從椰林大道到白色巨塔

——臺大醫學窄門裡的世界

「我常常問別人，什麼是活著？」

——臺北市長、前臺大醫院創傷醫學部主任，柯文哲

全臺灣最會讀書的一百三十個人

「你為什麼要來讀臺大醫學系？」

「就想要救人呀。」

「不要亂蓋了，最好這麼偉大。」

「真的啦！」

「哎呦，我都承認我是考太高分，加上爸媽老師努力說服才來的，我本來還有想過去讀電機呢，結果考太高反而變得沒有選擇。」

「是喔，我好像也是這樣耶。」

還記得大學二年級第一堂小組討論課，討論的主題就是「你為什麼來讀臺大醫學系」，大部分的人最後結論就是「考太高」。這是一個很值得討論的現象，考高分的人明明選擇比較多，但在三類組考高分的人幾乎一致都選擇了臺大醫學系，你很難說所有的人都對當醫師或者做醫療研究有興趣，這反而反應出了臺灣特殊的歷史背景與文化。

日治時期，由於日本政府不希望臺灣的知識分子讀政治、經濟，想方設法限制當時優秀的年輕人就讀相關領域，所以許多精英分子都成了醫師、老師。加上健保開辦以前醫師收入真的很好，曾經好到工作三個月就能賺一棟房子，所以「醫師」普遍成為家長心目中的最佳職業。

事實上，工程、基礎科學、商學、法學、政治都需要人才，但因著家長、親友的影響，高中成績好的學生就會選三類組，而在三類組成績好的大多會讀醫學系，這幾乎是不變的道理。

而臺大醫學系又是集臺大加上醫學系的光環，使得任何考生的分數只要落在這個區間，幾乎都會被說服或要求將臺大醫學系填為第一志願。像是我有一位同學從某高中全校第一名畢業，原本的第一志願是臺大數學或臺大物理，但因指考分數高過臺大醫學系的預估錄取分數不少，該高中動員了校長、主任一起來說服他將臺大醫學系填為第一志願，因為如果他上了，他的母校總算有建校四十年第一位應屆考上臺大醫學系的學生，也算是為校爭光。

這是一個值得探索的現象，畢竟鮮少有高中畢業生知道醫師的職業生涯到底長什麼樣子，要承擔的責任是什麼，一旦進入醫學系，就是漫長的七年⑮。而我與分數能上臺大醫學系的同學們也都在這樣的大環境中，因著臺大醫學系光環的吸引，加上自認為對

「與人互動」感興趣，幾乎無一例外地，選擇了臺大醫學系。

忙忙忙，趕快抓住青春的尾巴

在這樣的背景下，臺大醫學系彙集了全臺灣的精英，你在這裡可以找到每一個縣市第一志願的全校第一名，也可以遇見好幾位奧林匹亞國手或國際科展金牌得主，很難不從同學身上嗅到一點優越感，畢竟大家真的很優秀。

不過有趣的是，或許大家已經厭倦高中那段刻苦讀書的緊繃日子，醫學系的課業競爭反而沒有想像中的激烈。

大一時，大家或多或少還維持高中的讀書習慣，普通生物學、普通化學都有人在揪團組讀書會，但隨著必修學分從大一的二十六學分一下子降到了大二的十六學

◆制服日時，可以見到全臺各地第一志願的制服，如建中加南一中、雄中、中一中及北一女。

分，許多同學抓住能夠輕鬆一點的最後一個學年，積極地參與社團、活動。

我曾經好奇問過學長一個問題：「為什麼醫學系大二就在主辦宿營與醫學之夜，其他系大部分由大三或大四的學長姊來操刀？」

「因為你大三以後根本就沒有時間與心力。趕快抓住青春的尾巴吧！」

學長露出詭譎的笑容。

大二下，生活的重心一下子轉移到了醫學院。基礎醫學的課程接踵而至，從二下的生物化學、寄生蟲，一路到大三、大四的解剖學、生理學、組織學、微生物學、免疫學、病理學、藥理學等諸多科目。當中最值得一提的大概就是大三上的課程與大四下的病理學。

大三上的課表裡只有三門課：解剖學、生理學、組織學，分別是七學分、六學分、四學分，這十七學分

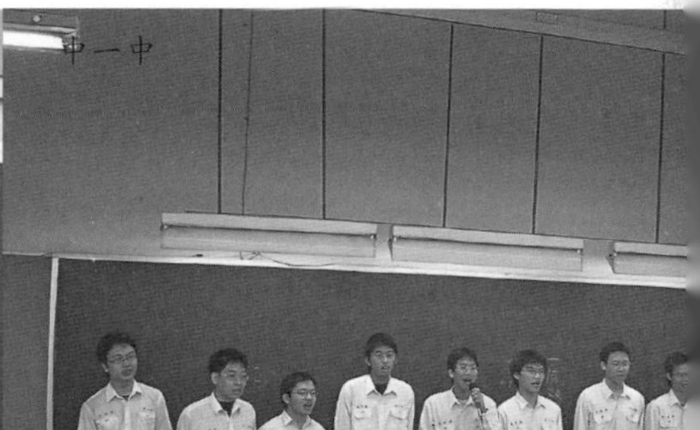

看起來少少的，但在課表上卻是滿滿的三十二堂課。因為解剖學每週有八堂實驗課，也就是實際進行解剖，而組織學也有四堂看玻片的實驗課。

最恐怖的是星期三從早到晚連續八節課都是大體解剖，大部分是四堂老師講課、四堂動手解剖，但有時考前進度沒有趕完，就會變成八堂都在講課。由於人體的肌肉神經血管骨骼真的有太多要背的，老師常常要以每小時一百到兩百頁的速度飆投影片，飆到後來，臺下同學大概都倒了三分之二，進入昏迷狀態，所以說即便是全臺灣最聰明的一群人，在超量的記憶負載下，往往也是會當機的。

大四下的病理學也是另外一個消耗記憶力的代表，病理學的重點除了解釋許多疾病的治病機轉外，另一個則是透過看「病理玻片」判斷疾病種類。由於要看的玻片太多，老師們很用心地把

◆ 同學們超量負載的情況。

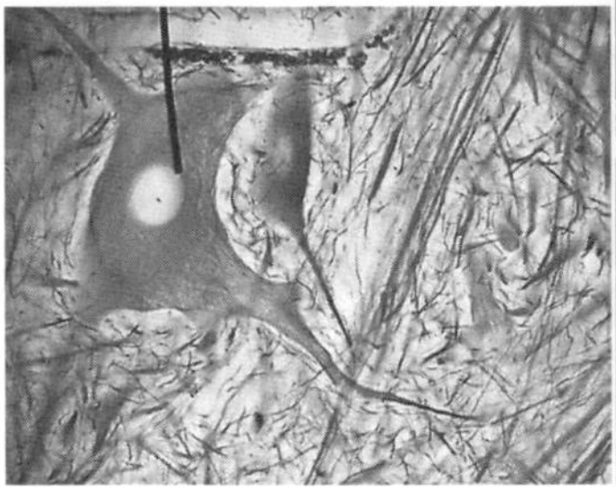

◆ 玻片下的神經細胞。

期中、期末考拆成了五次，雖然每一次考試要記憶的量略有下降，但每三到四個禮拜就考一次期中考，還真的是讓人心力交瘁。

其實讀臺大醫學系，在總區的日子只有短短的一年半，畢業時幾乎都快要忘記椰林大道與總圖書館的寬敞，只記得醫學院小小的空間，以及一條難得曬到太陽的「陽光走廊」。許多的科目都有跑臺考試，在大體解剖中，你每跑到一臺就要注意繩子綁的是哪一條神經或血管、針插在哪一條肌肉；病理則是你要在微小的玻片下找到足以判別何種疾病的特徵，寫出特徵與疾病的名稱。少數同學受不了這樣的折磨，轉系走了；大多數的同學也對於如此消耗記憶力的課程內容感到挫折，但已經讀到大三、大四，很難轉換跑道，也只能常常私下抱怨。

莫忘初衷，延續熱情

在臺大醫學系有一個傳統，就是每一學期都會辦一次七代，顧名思義就是大一到大七同一個號碼的學長姊和學弟妹會聚在一起吃飯，而每一次的重頭戲都是在飯局尾端由學長姊逼問大一學弟：「你為什麼要來讀臺大醫學系？」每個人大一時總是努力說出一番理由，然後學長姊就會說：「希望你能延續你的熱情，不過再過幾年你就會懂了。」

果不其然，大部分的人讀到大三、大四，總會開始加入這樣的循環，逼問著學弟妹，然後稍微吐槽一下。

說實話，我不認為這樣負面的氛圍對於這群優秀的人是好事，因此滿認同我的老師柯文哲醫師對著醫學系同學所說的一段話：「你們當中如果有一半去讀別的系，在別的領域發光發熱，或許臺灣會發展得更好。」

過去，我們都專注在「如何考進臺大醫學系」，但「為什麼要去讀臺大醫學系？」，或者「為什麼要讀臺大？」、「為什麼要讀醫學系？」才是每一個有獨立思考能力的高中生，應該要反問自己的。

⓯ 最新的制度將醫學系從七年制改為六年制，但不分科住院醫師（PGY）則由一年延長為兩年。

腫大的肝臟

「冠緯，這床病人，林瀚威，是一個二十六歲男性，昨天從急診轉上來的，先前因為腹痛去國泰醫院檢查，結果斷層掃描顯示有一顆26×16公分大的肝臟腫瘤，是原發性還是轉移來的並不確定。病人目前生命徵象穩定，接下來主治醫師應該會安排進一步的檢查。」

大學五年級我們開始要進臺大醫院見習，剛結束三個月外科見習的我，正要展開三個月的內科人生，心裡難免緊張，畢竟第一次要開始接病人⑯。

「二十六歲？二十六公分？怎麼感覺不太妙？你確定他的生命徵象穩定？」我嘗試講出個邏輯，但顫抖的聲音顯示出我內心的不安。

「哎呦，病人很好的啦，家屬也都很nice，昨天我還幫他做DRE⑰，確認攝護腺是否有腫瘤呢！」

「啊？你用手戳人家肛門？病人不會覺得被女醫師檢查很害羞嗎？」第一次跟同學交班，我總覺得自己遇到的病例一點都不單純。

我在病房外來回踱步了好久，才鼓起勇氣去看病人。「嗨，瀚威你好，我是呂醫師，是新的見習醫師。蔡醫師已經跟我說過你的狀況了，接下來三週會由我與住院醫師、主治醫師持續照顧你。」

「呂醫師，我的腫瘤到底是良性還是惡性的呀？會不會死掉？」瀚威開口就直接問我。

「哎，當然是好的呀，不會死掉、不會死掉，呂醫師，你說對不對？」一個看起來像病患母親的中年婦女用著緩和的語氣安撫瀚威。

我的腦袋開始努力運轉，大四學過的內科學與病理學中，到底肝腫瘤有哪幾種？哪些會長到這麼大？怎麼診斷？怎麼治療？存活率多少……

「學弟，等一下幫忙護理師推床，他要去做超音波引導穿刺切片檢查。」

我的思緒突然被打斷，原來是住院醫師學長進來了。

「噢，好！」看來還輪不到我利用剛學會的知識替病人進行鑑別診斷，先乖乖從小雜工當起，邊做邊學吧。

很快地，主治醫師幫瀚威安排了抽血、切片、影像等諸多檢查，一、兩週後結果揭曉，是從胰臟轉移來的肝臟惡性腫瘤，更簡單地說是癌症末期。聽到這樣的檢查結果，我心頭一驚，暗想我也太「幸運」了吧，竟然第一個病例就遇到這麼複雜的case。

主治醫師告知瀚威與家屬壞消息的那一天，我默默地躲在整個醫療團隊最後面，感覺到整間病房瞬間進入了低氣壓狀態。

「可以開刀嗎？」

瀚威的小姑姑恰好是護理人員，先開口問了一個問題。

「腫瘤已經侵犯到血管了，無法開刀，也無法用栓節的，只能用化學治療控制。」主治醫師冷靜地回答。

「所以化學治療就可以治好囉？」瀚威的媽媽問道。

「我們要追蹤化療的反應。」

現場再度陷入另一陣安靜。

「我們可能這幾天就會安排第一次化療，之後會轉到腫瘤科做後續追蹤，先

◆ 我接到林瀚威肝膽內科病房。

好好休息吧。」主治醫師做了個總結，轉身步出病房。

「張醫師，」瀚威的媽媽從病房追了出來，「我兒子還能活多久？」

我聽見啜泣的聲音，瀚威媽媽的臉頰上有著清楚的兩道淚痕。

「妳真的想知道嗎？」

瀚威的媽媽默默地點頭。

「我為妳兒子的狀況感到不幸，以他的病況，就算用化療控制，大概只能撐半年，最多撐一年。」

那一瞬間，瀚威媽媽的表情全都垮了。我不忍再看，趕緊跑到護理站的小教室整理自己的思緒。每一天，我都在寫著這個病人的病歷，他的生命徵象如何，基本的理學檢查，其他檢查有沒有新的進展，但無論我記錄得再詳細，對於他的病況我實在無能為力。沒想到我第一個在內科所接的病人，竟然馬上讓我體會到醫療的極限。

不過或許是因為年紀相仿，所以當大家漸漸接受瀚威的病情後，我與瀚威反而很常聊天互動，畢竟我手上只有他這一床病人。我聽了很多他的故事，怎麼跟媽媽吵架，怎麼在高中時追到女朋友……。

即便他出院以後，我們還是保持聯繫，他定期到腫瘤科住院化療都會跟我說。直到有一天，我接到瀚威媽媽傳來的簡訊：瀚威這一次可能出不了院了。我跑去看他，發現腫瘤細胞早就跑進血管，造成腫瘤栓塞，他的手腳到處都是淤青與水腫，意識也因肝昏迷而變得很不清楚。我握著瀚威的手，除了跟他說「你很勇敢」以外，再也說不出其他的話。隔天清晨，他走了，那一天剛好是他二十七歲的生日。

幾週後，瀚威媽媽邀請我參加告別式。我知道一般醫師是不參加病人告別式的，那樣很像在宣告自己的治療是失敗的，但或許因為只是見習醫師，我沒有這樣的擔子，單純以關心這個家庭的角度去參加。

那一天，瀚威媽媽看到我，抱著我哭了許久。「呂醫師，謝謝你來。」

離開前，我看見瀚威的女朋友，心想一定沒有人能體會這樣子分手到底多麼痛，但是無論如何，死的人走了，活的人要想辦法好好的活下去，人生必須往前走……

醫療有極限，關懷無止境

幾年後，我在一個機構演講，有個北一女的學生對我微微笑，走向我，「請問你是呂冠緯醫師嗎？」

「是，妳好，請問妳是？」

「你還記得你有幫助過一個病人，叫做林瀚威嗎？」

「噢，我當然記得，他是我第一個正式接的病人。那妳是？」

「我是他的妹妹。我爸爸媽媽都很謝謝你。」

「謝謝我？我什麼都沒有做啊。」

「他們說你帶給他們一些正面的能量。」

那個當下，我心中升起了滿滿的感恩，在我的習醫之路上，所接的第一個病人讓我體會到醫學的極限，卻也體會到關懷的重要。那時我總算明白，「To cure sometimes, to relieve often, to comfort always.」這句由西方醫哲卓度⑱醫師所分享的名言。醫療確實有極限，所以偶爾治癒，常常舒緩，時時安慰。人道的關懷永遠是醫療技術不斷進步時最堅實的後盾。

---

⑯ 接病人就是我們平常講的臨床照護（Primary Care），只是醫師之間習慣用接病人來簡稱。

⑰ DRE，Digital Rectal Examination，即肛門指診。醫師將手指放入病患的肛門，向腹側按壓，檢查病人攝護腺的狀況。

⑱ Edward Livingston Trudeau（1848-1915），專注於結核病的治療，並且為其建立專門研究機構。

彈吉他的醫師

在小小的單人病房裡，我穿著醫師袍，彈著吉他，十幾個人圍繞在黃阿姨的身邊，一起對著她唱……

自從有了瀚威的經驗後，我漸漸感受到自己對於臨終關懷的負擔。我發現醫療的進步，有時反而會給病患或家屬不切實際的期待，病人原本應該要走一趟比較自然的病程，但卻因錯以為插管電擊等急救措施、葉克膜等高階醫療設備能不斷維持人的生命，反而變成延長病人死亡、受苦的過程。

在大學六年級，見習醫師第二年，我們除了婦產科、精神科、復健科、神經科等必修科之外，總共可以再選三個各六週的自選科訓練。我的第一志願是家庭醫學科，因為在臺大醫院的家庭醫學科中，有一個特別的病房——安寧病房。安寧病房是施行安寧緩和醫療的主要病房，而所謂安寧緩和醫療即病人理解醫療有所極限，若罹患嚴重傷病，經醫師診斷認為不可治癒，而且病程進展至死亡已屬不可避免，病人願意於臨終、瀕死或無生命徵象時，接受緩解性、支持性之醫療照護及不接受施行心肺復甦術。簡單來說，就是在生命的末期以提升生命品質而非生命長度為目標的醫療。

到安寧緩和病房報到後，總醫師跟我們兩位新報到的見習醫師說明了病房的注意事項，並且簡單教了幾個重要的死亡徵象。

「誰要先接病人？」

「我好了！」我自告奮勇地回答。

「那好，現在有一個五十九歲女性，肺癌轉移到肝臟的病人在急診已候床一段時間，目前已經談好要走安寧緩和醫療，等一下就會轉上來，你就跟R3學長一起接，你盡量負責，他會cover你。」

接到任務後，我跑到護理站找R3學長。「學長、學長，我第一次接安寧緩和的病人，這一床有沒有什麼要注意的？」

只見學長埋首於病例堆裡，正努力寫著每日的Progress Note⑲。

「嗯，她的腸胃道沒有塞住，加上腫瘤的位置在肺與肝，疼痛的狀況可能也不至於太糟，所以應該不會很難照顧……噢，對了，學弟，剛剛CR⑳學長說這一床雖然談好要走安寧緩和了，不過DNR還沒有簽，等一下應該要跟家屬談一下，請他們簽。」

「DNR？」

「對呀，DNR你不知道嗎？就是Do Not Resuscitate，不急救意願書或同意書。基本上病人要簽署意願書，或者家人簽署同意書，我們才能在病人病危時不施行心肺復甦術，而這是住安寧緩和病房的基本條件，不然到時候在安寧緩和病房不可逆之末期疾病急救就糗大了。」學長熟練地說明一遍，好像已經跟數十個學弟妹說過好幾百遍。

● 透過溝通，表現同理心

過不久，我與R3學長就約家屬在會客室會談。學長簡單說明了病房的一些醫療原則後，就拿出DNR準備讓家屬簽。

「這是什麼？」病人的先生一臉疑惑。

「這就是剛剛總醫師在急診時跟你們說明，為了順利地在這個病房接受醫療，需要簽這份文件，這也是對阿姨的保障。」R3學長解釋。

「剛剛有說嗎？」

「噢，可能剛剛還沒有讓你們完全掌握清楚，沒有關係，呂醫師會跟你們繼續做說明。」

學長把我拉到一旁。

「學弟，看來還要花一點時間跟家屬溝通簽DNR的事情，其實這種事是不能急的，一急反而會讓別人覺得是醫師故意放棄治療，但是我現在手上有十床病人，可能沒有時間細緻地溝通，就請你多幫忙一下。」

一瞬間，我這個安寧緩和菜鳥醫師竟然要從最難的開始學，跟家屬談DNR！往正面想，這不就是來安寧緩和醫療最應該學的事情？透過溝通，讓需要安寧緩和醫療的人接受安寧緩和醫療。

病人的先生是關島多家免稅店的金主，算是老闆級的人物，但面對愛妻的狀況，心中其實有諸多不捨。在連續幾天的會談中，都無法順利簽下DNR，我自我檢討了一下，發現自己好像在言談中多少會顯露出「請你趕快簽文件」的態度，如果我是家屬也會不太自在。所以後來，我改變了溝通方式。

「黃先生，您一定很愛您太太吧。」

「當然呀。」

「您一定捨不得她離開吧。」

黃先生沉默不語。

這一次，我忍住急切的心情，一同靜默一段時間。

「如果她是你的親人，你會怎麼做？」沒想到黃先生做了一顆球給我。

「我自己是學醫的，雖然算是年輕的醫師，但也看過不少人的最後一程，我發現如果能自然地讓病人走是最好的、最順的、最不受苦的。」

「嗯，我也這樣覺得。那要怎麼做呢？」

「黃先生，先前我們跟您提過的這份文件，其實就是在保障阿姨能夠經歷這樣平順的過程。」

「這樣是吧……」接著又是一陣沉默。「那……」黃先生用低沉卻堅定的聲音說：「我來簽吧。」

我忽然明白一個道理，那就是醫療品質的觀感真的很主觀，而當中有一個關鍵因素，其實就是醫師的同理心。當病患或家屬越能感受到醫師的同理心，整個醫療過程就越容易順利。

由於在溝通的過程中，我與黃阿姨、黃先生和他們的小兒子有較多的互動，漸漸地建立起了情誼，喜歡創作的我遂決定寫一首歌送給黃阿姨。起初，我還有點擔心R3學長會不會覺得學弟在亂搞，不過當我跟學長分享了我的想法以後，學長非常支持，並且要我詢問家屬的意願，將所有家人都招聚在一起，家屬最後也開心地答應了。

那一天，在小小的單人病房裡，我穿著醫師袍，彈著吉他，黃先生、四個孩子、幾位住院醫師與實習醫師、志工媽媽都圍繞在黃阿姨的身旁。我們輕輕地唱著：「We'll always memorize 彼此之間的關懷，因為愛。」㉑我看見黃阿姨因著家人的圍繞，臉上露出滿足的笑容，這是在病榻前難得的景象。

幾天後，黃阿姨在睡夢中安然地走了。她的家人向醫療團隊一一道謝，而我第一次體會到身為一個醫師，不用擔心病人離開時，家屬會反過來告你，因為家屬對於永遠的離別已經做好心理準備。一年以後，我利用實習醫師的年休假，帶家人去關島走走，還與黃家的小兒子全家聚會，變成了朋友。

曾有一位緩和醫療的資深醫師說過：「即便病人走了，家屬和醫師成為朋友，才是醫療的最高境界。」從那之後，我默默地許下心願，如果未來有機會，我要成為這樣的一位醫師。

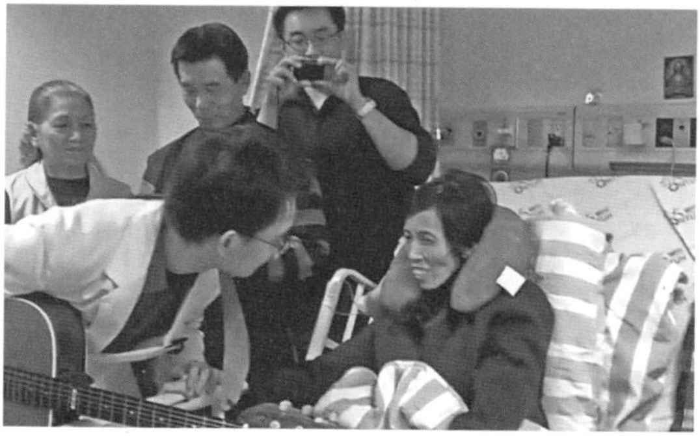

◆ 圖為我與黃阿姨，後面從左至右依序是志工媽媽、黃先生與阿姨的小兒子Rich。

⑲ Progress Note是病例的一部分，病人一住院要先打一份Admission Note，即住院病摘，接著每一天要打Progress Note，把每天的病程、治療進展都更新上去，每一週則要寫一份Weekly Summary，最後在出院時要把整段住院過程說明清楚，稱為Discharge Note，出院病摘。

⑳ CR，是總住院醫師，Chief Resident的簡稱，一般也稱為「總醫師」，是病房主責行政的資深住院醫師。

㉑ 歌曲名為：「黃施春菊」，連結在http://youtu.be/2j3DCuCk_YY

來自雲林的震撼

「護理師，請問一下，我要找3-1床的看護，可是他一直都不在Bedside，我換藥會需要他幫忙。」

「噢，Intern醫師，你有沒有看到床頭有留一張紙條？上面有留他的手機。」

「啊？手機？」

「對啊，就是有狀況就call他。」

「噢……」

大學七年級，明明是最高年級，卻是自我價值感最低的時候。大七，稱為實習醫學生，常被稱為實習醫師，或者Intern醫師，名義上我們是學生，可以在主治醫師、住院醫師的帶領下執行醫療行為，但實務上常常變成醫院最底層的打雜工，抽血、換藥、推床、導尿、送檢查全都包，反而鮮少能像大五、大六見習醫學生時期有比較完整的時間學習。

但對於臺大的Intern來說，我們算是相對幸運的，照顧的病床數、要處理雜事的量都比其他醫院少許多。而在臺大實習的這一年中，最精實的部分則是在run內外科時，有三分之一的人有機會去稱為「換藥地獄」的臺大雲林分院實習，所有人都避之唯恐不及。

或許是叛逆的個性使然，我越聽到大家不想去，就越好奇到底是有多累，真的有這麼糟嗎？所以即便我的籤運不錯，在有其他選擇的情況下，卻主動選擇了雲林分院。

當我用前面的籤選擇雲林時，所有同學都驚訝地看著我，「冠緯，你瘋了嗎？超累的耶。」

● 城鄉差距讓抱怨變成感恩

成為實習醫師不久，我就到雲林分院報到。

一踏進醫院，入耳的盡是我這個臺北國人最不熟悉的臺語混雜菲律賓、印尼話；一進到病房，入鼻的則是濃濃的騷味。

我往護理站一看，詢問臺前的一個立牌吸引了我的目光，上面寫著：一比一看護每日1200，一比二看護每日800，一比三看護每日600。

「護理師，我想問一下，什麼是一比三看護？」

「你是新來的噢？」護理師一副忙到沒時間理我的樣子，「一比三看護就是一個看護照顧三個病人。」

「一個看護照顧三個病人？怎麼可能？不是規定住院至少要一個家屬或者看護陪伴嗎？」

「Intern醫師，這裡是雲林，不是臺北好嗎？」

在接下來的幾個禮拜，我為臺北與雲林之間的差異感到震驚。首先，我發現雲林有無限多床的換藥，大多是背部有褥瘡，而且褥瘡常常比一個碗還大、還深，甚至有的還可以看到脊椎骨，每一次換藥就見到濃濃的汁液，黏著在我們塞入病患傷口的濕紗布。

再來，我換藥時常常找不到看護幫忙，後來才知道要打電話，撥通床頭字條上的號碼，才會有一位看護從別樓層的病床好整以暇地走過來；有時甚至久call不到，好不容易聯絡上，他才說：「剛剛在忙另外一床，醫師，你別這麼急嘛。」醫師等看護，跟我的想像真的很不一樣！還有，護理站白板上總是有長長的候床名單在等候健保床㉒；在臺北，反而單人床永遠是排滿的。

原本在總院平均接三床病人的我，到了雲林，因為人力不足，平均要接七到十床，而且晚上值班時，守備範圍甚至要跨到對面區的病

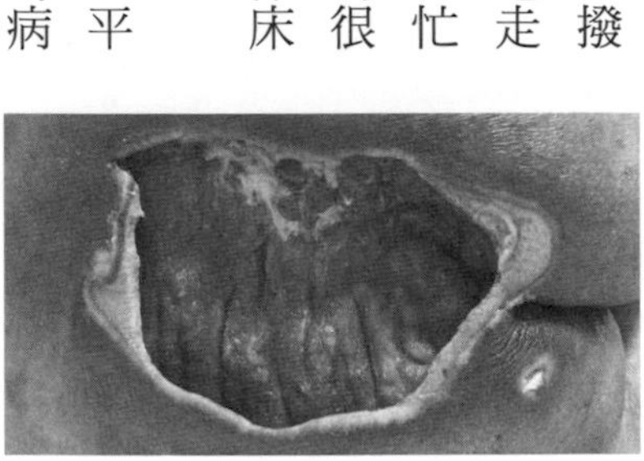

◆ 在雲林幫病人換藥時的真實情景。

房。

在不斷地接新病人、瘋狂換藥、到處補醫囑、處理術後病人的疼痛後，晚上常常是倒在值班床上動彈不得，腦袋放空，但不幸的是，仍三不五時會被護理師call醒，「喂，Intern醫師嗎？5-2床說他頭痛，你要不要來看一下？」

有時，我甚至會半夜驚醒，在隱隱約約之間聽到值班手機的聲音，但是看了手機卻沒有未接來電，可見腦袋已經把自己設定為淺眠模式。

除了睡眠不足，另一個令我心力交瘁的竟是「語言隔閡」。我是土生土長的臺灣囝仔，父母親都是中部人，臺語也很溜，只是在臺北成長的我，平常講臺語的機會不多，以致我的臺語支離破碎。

某一晚在外科值班時，護理師打電話來說某一床病人在喘，我看到這位阿伯的呼吸確實變得急促，因此一邊找原因，也一邊執行標準流程，放上monitor，給予氧氣。身為菜鳥實習醫師，我想一邊做事，一邊跟阿伯解釋，讓他明白我在做什麼。

「阿伯，金喘齁，」我以破爛的臺語說道：「哇ㄊㄝˇ擁ㄎㄧˇ吼哩繫，厚咩？」

阿伯突然瞪大眼睛，越來越喘。

隔壁床阿姨也突然把床簾拉開，大聲地說：「醫生，你要幹嘛？」

我看那位阿姨應該聽得懂國語，「我說『我拿氧氣給你吸』呀。」

「你剛剛是說『我拿勇氣讓你死』，你知道嗎？」阿姨理直氣壯地說。

那一天，我才知道氧氣的臺語是從日文翻譯過來，叫做「酸素」（さんそ，念做『散叟』），而破臺語的笑話迅速傳遍整個病房。我深刻體會到，如果一直待在臺北，用臺北看臺灣，那麼我自以為的進步反而是狹隘的眼光。我發現，自己身為臺北的孩子真的太幸福。在雲林，生活水準普遍沒有這麼好，資源也相對少許多，臺北的病人擁有的是一個看護與三分之一的我，而這裡的病人卻只有三分之一個看護與十分之一的我。

即便那段日子身體如此疲倦，我卻開始深刻反思自己之所以能夠順利地讀書，考上臺大醫學系，不僅僅是因為我夠努力、夠優秀，更主要是我原本的機會就比較多。我漸漸能明白我所尊敬的醫療前輩，曾在布吉納法索奉獻生命的連加恩醫師所說的一段話：「好命的孩子，應該比別人付出更多，這樣，好命才有意思。」

這趟雲林之行，我從抱怨轉為感恩，因為至少我是有能力可以付出的人。聖經裡有這麼一段話：「因為多給誰，就向誰多取；多託誰，就向誰多要。」㉓上帝透過這一趟雲林之旅讓我看見我是多麼富有，因此我應該要成為祝福的管道，多把這樣的豐富分享出去。

㉒ 一般健保病床在臺大總院是一間病房三張病床（有時更多），如果是兩人房或者單人房則需要部分自費。

㉓ 聖經路加福音十二章四十八節。

爆紅的畢業MV「於是」——

http://youtu.be/esnc1lwPKuM

「杜鵑花，開又謝……」一百多位臺大醫學系的畢業生合唱著。

我站在前頭，與同學們一樣身著學士服，用指揮的手勢引領著大家。

如果有人問我，大學七年裡我最自豪的事情是什麼？我一定回答：「完成畢業MV『於是』。」令我感到驕傲的主要原因不是瀏覽人次近二十萬人，也不是我自己寫了曲以後，又用one man band的方式把吉他、鋼琴、爵士鼓、Bass錄音起來完成編曲，更不是完成了這麼大的Project卻沒有花系辦一毛錢，我最驕傲的地方在於這是一部屬於臺大醫學系二〇一二年畢業全體同學所共同參與、共同擁有的畢業音樂紀錄片。

● 臺大醫學系的周杰倫與方文山

畢業前半年，我已經依稀察覺到自己可能會與同學們踏上一條不太一樣的道路，往後與同學的交集可能會越來越少，於是，我開始思考要留下什麼共同的回憶。

「書平，我們來寫首畢業歌吧！」我跟我的大學摯友說道。

汪書平是建中全校第一名畢業的資優生，事實上，他也是我們這一屆全系第一名畢業的，拿過無數次的書卷獎。他對文字的敏銳度特別高，總是能用簡單的文字寫出深刻的感受。由於我喜歡寫歌，他喜歡填詞，我們從大四以後就很常一起寫歌，我常自我感覺良好地覺得我們是臺大醫學系的周杰倫與方文山。

看過許多畢業MV的我，總覺得大部分畢業MV都是少少的幾個人出現在鏡頭裡，對於畢業生來說歸屬感有限，因此，我給了自己一個不可能的任務——要所有同學入鏡。坦白說，一開始我也不知道如何完成這麼大的目標，再加上我不是畢業影片小組的成員，沒有權力去要求任何同學做事，因此我就一步一步從我能掌握的事情開始。

當我完成作曲後，錄製了一個「哼歌版」給書平，讓他能順著音樂來填詞。在他填詞的同時，我則開始進行編曲，設計歌曲的流程，並且將所有樂器與背景音樂錄製完成。書平把詞填完以後，我也錄製完了整首歌的音樂，便找了妹妹一起把整首歌唱一次，由我唱男聲的部分，妹妹負責女聲部分。由於書平是班上人際關係最好的同學之一，所以我就請書平去找最適合唱歌的十四位同學，而他們在聽過Beta版的歌曲後，很快就答應加入這個計畫。

我用我的Macbook Pro與裡面的錄音軟體Logic Pro，再加上方便好用的麥克風兼錄音介面Apogee One來進行人聲錄製。先跟每一位同學約時間，來我家一軌一軌地進行錄製，最後再把大家的聲音整合在一起。當完整的歌曲錄製完成後，我把這首歌拿去給我們這一屆的畢業代表何建翰聽。建翰是富有美術素養的同學，也很有導演天分，當他聽完以後，馬上說要把這個Project變成整個畢業典禮播放影片最後的高潮部分。

有了建翰的支持後，我又去找了我們的班代郭柏邑。主要是柏邑跟醫學系辦公室的關係很好，透過他可以跟系辦溝通，也很容易跟全班溝通。後來，班上的音樂才子兼點子王張為淵也加入，我們五個人就組成了這支畢業MV的核心團隊。我們一起腦力激盪，構思要呈現什麼畫面，在拍攝影片時，也嘗試就地取材，盡量在資源有限的情況下拍出最好的效果。當我們在心臟內科病房護理站，嘗試要拍出一鏡到底的效果，卻苦無軌道車時，就有人發現可以用病房裡的查房車；當我們需要臨時演員時，便直接在路上找人。

◆ 同學在我房間錄音的場景。

最大的困難算是拍最後一幕的時候，因為這一幕要招聚所有的同學。由於畢業前同學們都仍是實習醫師，每一個時間點幾乎都有人在值班，所以我們很努力地協調，讓大家盡量跟在臺大實習的其他學校實習醫師喬值班時間。同一時間，由於全部的人都要入鏡，沒有同學能夠協助錄影，所以還要想辦法找到免費卻又優質的好手來幫忙拍攝。再加上為了讓同學們不用背詞，也不用把小抄拿在手上，我還動用親情把父母親找來，協助拿大字報。

「於是」旋律響徹畢業典禮

即便過程充滿挑戰與辛酸，但成品的果實是甜美的。很快地，來到臺大醫學系專屬畢業典禮——撥穗典禮，當「於是」的音樂響起時，典禮現場可以感受到一股集體專注的提升。畫面裡帶過許多同學的臉龐，我們從高中畢業，走進了椰林大道，來到封閉的醫學院，進入白色巨塔。有

◆夥伴們在我家開會的情景，由左至右依序為書平、柏邑、建翰、為淵。

◆將攝影機放在查房車上，利用查房車當作軌道車。

的同學哭了起來，有的同學媽媽握住爸爸的手，臉上露出驕傲的笑容。

回想起來，整個過程就像是創業一樣。由於資源有限，就先從小規模、能掌握的事情做起；等成果出來以後，利用既有的成果去找更多的資源來投入，如此循環之下，就能將小小的資源滾成最後豐碩的成果。影片上傳YouTube後，瀏覽人次很快地破了一萬、兩萬、五萬、十萬，而直到兩年後的今天，影片瀏覽人次已經接近二十萬，這也是當初我從來沒有想過的狀況。

「從前我們遙遠，也許往後不同，竟一起擁有無數的角落相似的理由。」這段歌詞，對於即將踏上迴異之路的我，體會格外深刻。書平似乎早已預知這個「往後不同」的境遇，或許是因為在過去七年，他看清楚我在醫學以外的興趣與熱誠吧。

◆我與夥伴們在臺大總圖前的草皮上拍攝MV時的場景。

Chapter 5

醫學生創業？

——從夢想學園創辦人到得勝者文教執行班主任

「失敗，往往比成功更具有教育意義。」

——法蘭克‧佛杜錫克《神經外科的黑色喜劇》

冠緯，你有場地嗎？

「冠緯，你有場地嗎？」

「沒有耶……」

「那有資金嗎？」

「也沒有……」

「沒關係，我們幫你。」

高中二年級時，母親的一位同事聽說我在附中表現優異，便邀請我指導他國二的兒子功課。從那時起，開啟了我的家教人生。

上了大一，陸續又有人介紹，很快地我手上就有三、四個家教，因此累積了不少家教經驗。雖然我家教的時薪相當高，一小時一千，但漸漸覺得自己一次只能協助一位學生好像有點可惜，再加上大二讀了《窮爸爸富爸爸》這本理財名著，心裡默默地升起建立家教班的念頭。

在協助許多小我沒幾歲的學生時，我發現或許是年齡相仿的關係，學生很願意跟我分享、溝通，而且在指導學業的同時，學生更常學習的是我的生活方式、讀書方法，並非單純學習單一科目而已。因此，在我腦海中漸漸形成一個圖像——建立一個環境，讓一群能K能玩、品學兼優的大哥哥大姊姊，陪著學弟妹學習成長。這就是「夢想學園」的起頭。

吃了熊心豹子膽

二〇〇六年十一月，一個再普通不過的星期五晚上，我與我的夥伴嘗試找到二十位家長，在一間簡單的教室裡分享了我的宏願。

「您們孩子要走的路，我們剛走過，而且走得還不錯。」我的話語中充滿了初生之犢不畏虎的自信。「我們這些學長姊並非要取代學校老師的角色，雖然我們會設計課程，但在過程中，我們真正要傳承給學弟妹的是學習態度與方法，而這更像是學生、老師、家長間橋梁的角色。」

我不斷地分析、強調有優秀學長姊的陪伴，孩子更容易找到榜樣。「每一個孩子都是獨特的，因此最適合他的方法也不盡相同，這是為什麼我們會盡量找到不同的學長姊來協助學弟妹。我們相信這會比一對一家教更有可能啟發孩子的學習動力。在過程中，孩子會找到他的夢想，所以我們稱這個Program為『夢想學園』。

「不過，其實夢想學園還沒有設計出任何課程，」我略感羞澀地說，「我們不確定各位家長對於『學長姊帶學弟妹』的想法，所以等一下會發這個回應單，如果您有意願讓孩子參加我們的寒假課程，請您在上面打個勾，把問卷交回給我們。」

回想起來，當時的我不知道是哪來的熊心豹子膽，竟然敢在還不知道要推出什麼課程時，就做這樣的詢問與調查。不過當我們回收問卷後，卻大大地受到鼓勵，因為竟然所有與會的家長都勾選「有意願讓孩子參與寒假課程」。

正當我沉浸在收到回條的喜悅中時，一對夫婦面帶微笑地走向我。

「冠緯好，我是姚媽媽，這位是姚醫師，我們想問你有場地了嗎？」

「沒有……」

「資金呢？」

「也沒有……」我有點不好意思的說。

「這樣啊，那我們幫你。」

說來奇妙，對於一個未滿二十歲、沒有創業經驗的小伙子來說，在我舉辦說明會前，並不確切知道要在哪裡辦家教班，又要去哪裡籌錢。

但當我在禱告中感受到一股平安的力量時，就決定在未知的狀況下嘗試踏出一步，沒想到這一小步的回饋是如此之大——我遇到了姚醫師和姚媽媽。

姚醫師是板橋著名牙醫診所「健和牙醫」的院長，醫療經驗豐富，因此診所總是門庭若市。姚醫師的小兒子姚德是我母親管樂團的學生，間接知道姚德的老師有一個臺大醫學系的兒子，由

◆夢想學園夥伴與姚醫師全家的合照，左二到中間依序為姚德、姚醫師、姚媽媽與姚宇，右邊兩位則是書平與我。

於我分享會的對象正是當時姚德這一屆小六生的家長，他們夫妻聞訊後也前來參加。

姚醫師夫婦決定先空出診所地下一樓的空間讓我與夥伴開課。

在二〇〇七年的寒假，我們便針對小六生開始了數學與自然的延伸課程，各有十二與十五位學生。很快地，隨著人數的增長與擴班的需求，姚醫師主動提供另外一個空間讓我們使用，之後我們就從隱密的診所地下一樓轉到社區二樓，學生人數從十幾位變成五十幾位，服務的團隊也從兩人擴充到十人。

有一天，我在醫學院接到姚醫師的來電。

「冠緯，我找到了一個一百三十坪的場地，原本是做美語補習班的，教室、設備都有，我想把它買下來，給未來的夢想學園使用。」

電話那一頭傳來姚醫師興奮的聲音。

「一……一百三十坪？那是現在的五倍大耶！」

「對呀，機會難得，所以先買下來預備著，免得到時候有需要，你也找不到這麼好的場地。」

後來，夢想學園還沒有大到能轉進這個夢幻場地，就因為我準備進到實習醫師階段而結束了，但姚醫師並未曾責怪我說他都已經準備好場地了，我怎麼沒有使用。

除了交換，還要樂於給予

現在回想起來，姚醫師在我身上所做的，正如同一位慷慨的父親。他鼓勵我寫出夢想學園的企畫書，構想家教班的制度，背後的董事會設計，整體的薪資、服務等等。即便我的想法對他來說是如此稚嫩，他也從不會直接批評，而是跟我討論，引導我思考。

好幾個夜晚，我都是在姚醫師九點半下班後到姚家拜訪，跟他請益，聽他談創立診所的故事，也聽他對夢想學園的建議。他曾經跟他的大兒子姚宇說：「如果有一天夢想學園失敗了、不在了，你覺得我們還剩下什麼？」

「那應該就什麼都沒有了吧。」

身為臺大資管系的高材生，姚宇冷靜地分析。

「不，還剩下友情。就是我、媽媽、你、姚德、冠緯，還有這一群夢想學園大哥哥大姊姊之間的友情。」

當我聽到這樣的話，我的內心是何等的感動，那種被信任、被尊重的感覺，讓我默默地許下心願：我也要成為一位願意給予的人，效法姚醫師的榜樣，在我能夠祝福別人的範圍，樂於給予，而非總是交換。

上帝有時候就會在我們的人生裡放入幾位「貴人」，在我們還不夠成熟、也未能拿出成果時就願意幫助我們，而我們所能做出的最好回報，就是在我們更有能力給予時，把這一份情傳下去。

從表象來看，我創立了「夢想學園」，但實際上在這個過程中，姚醫師、姚媽媽的幫助與引導，成為我生命裡的夢想學園，也意外成全了我在醫學以外，透過實際的過程，學習到創業、組織管理、財務規劃等醫學院學習不到的寶貴經驗。

比學生大七歲的老師

我走進健和牙醫，看到姚醫師正在處理病人，他恰好轉身與我視線相交，我跟他點頭示意，趕緊走入地下室。那裡，已經有十幾個小朋友在等我了。

夢想學園剛開始時，我大二，十九歲。每週三，上完寄生蟲學，我快步走向醫學院外的機車停車場，與從臺北市工作完的新北市人一起跨過大漢溪，回到板橋。牙醫診所的地下室裡，十來個小六生七嘴八舌地聊著天，我的到來絲毫沒有讓他們的聲音降低。

「哈囉，我們要上課了。」我盡量用邀請的口吻。

「老師，先玩個遊戲嘛，反正你現在上的國中理化又不會馬上考。」一個同學率先發難。

「對呀，老師，你上次玩的那個『殺手』超好玩的。」其他幾個同學附和。

「你們認真上課，最後半小時讓你們玩，怎麼樣？」

我深知沒有讓大家玩一下，整堂課恐怕會從頭吵到尾，但如果一開始就玩，那大概就軍心渙散，無法拉回課程了。

「啊，還要等到最後喔……」

「誒，冠緯老師都這樣說了，大家先專心一下，不然回家自己玩就好了啊。」姚德是意見領袖，講話總是露出幾分霸氣，他的領袖氣質是雙面刃，有時候帶著大家起鬨，不過這一次他把大家拉回課堂。

「那這樣好了，我先跟大家說個寄生蟲的小故事。你們知道如果得了某種寄生蟲病，男生的睪丸會變得跟西瓜一樣大嗎？」

一聽到新奇的事情，全班同學瞬間專注起來。每到這個時候，我總是很慶幸自己讀醫學系，從大二到大五，從寄生蟲、大體解剖、微生物免疫到內外科學，總是有許多有趣的內容可以跟學生們分享，而這些小故事或小知識，就是我拉回學生專注力的最佳利器，省去了很多管學生的時間。

• 夢想學園的大哥哥

坦白說，跟一般注重升學的補習班比起來，夢想學園鬆散得多。我的大學好友、同事，也是我的創業夥伴書平，同樣也是用非常親和的方式在帶數學班。或許是這樣，孩子們很喜歡來，漸漸地有越來越多家長詢問。

「請問是夢想學園的呂老師嗎？」

我的手機在假日時響起，裡頭傳來一位媽媽的聲音。

「我聽我孩子說他的同學在一個小地方上課，覺得很棒，也想一起去。」

「好的，林媽媽，那就請您下星期三晚上六點十五分，帶您的孩子到健和牙醫的地下室，我幫您介紹一下。」

幾天後，一對母子來了。

「請問呂冠緯老師在這裡嗎？」這位媽媽一邊問著我一邊四處張望，好像這裡跟她想像中上課的地方差距頗大。

「我就是冠緯。」

「喔，老師您好，不好意思，我不知道您這麼年輕。」媽媽頻頻對我躬身道歉，好像「老師」這個稱呼真的有什麼權柄。

「林媽媽，您叫我冠緯就好了，我也只比您的孩子大個七、八歲，比較像大哥哥。我們的空間不大，也不是用填鴨的方式在教學生，因為是小班制，比較多對話，也會讓孩子在上課時發表自己的意見。孩子免費來上課兩次，如果喜歡，歡迎報名；如果覺得不適合，我們也不會跟您收費。」

有趣的是，只要是比較順孩子意思的家長，最終都會讓孩子留在夢想學園。或許是在這裡學習比較沒有壓力，學生很容易跟我們變成朋友，同一時間也不是學不到東西，畢竟身為醫學生，我們有很多的知識跟經驗是可以分享給學生的。

隨著學生人數的增加，夢想學園的團隊從起初的兩人，慢慢增加到了十人。裡頭有我最要好的高中同學，後來讀臺大資工系的胡升鴻、臺大電機系的李育儒與翁瑋廷，以及讀臺大物理系的楊承修；另外還有大學同學介紹認識的臺大法律系學妹李宜真，再加上自己系上的同學曹玉婷、林欣穎、馬一心。我們有人負責教數學，有人教生物、理化或英文，此外，我們鼓勵孩子來讀書，有問題就跟我們討論；同時還有一個輔導團隊，也會定期跟家長聯繫，談談學生的近況。

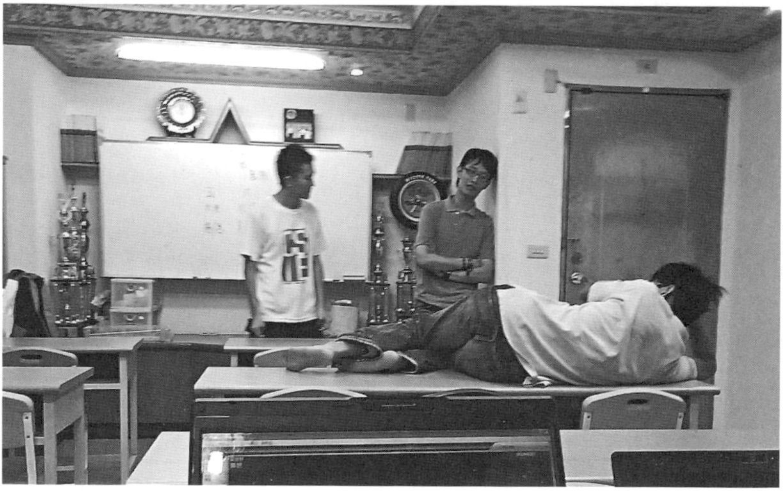

◆ 我與升鴻（左一）、育儒（躺在桌上者）在夢想學園的小教室裡討論夢想學園的經營。

雖然我們過於年輕，經驗真的不足，但由於擁有臺大學生的身分，再加上多數夥伴的成熟表現，讓我們在與家長互動時並不會太常被質疑。

我們的年齡與學生差距不大，不致有代溝的問題，因此往往也成為學生與家長之間的橋梁。

有時候會有媽媽對我們說：「老師，請你幫我跟我女兒講，她都聽你們的建議。」也有學生對我們說：「老師，你跟我爸溝通一下，在家讀書的重點是效率，不是時間長度，他一直限制我打電動的時間，可是我事情都做完了呀。」

• 失敗為成功之母

在那三年半扮演橋梁角色的過程裡，夢想學園成長到有六、七十位學生，我們也順利地把第一屆學生帶畢業，考完國中基測。

坦白說，若用升學角度來檢視夢想學園，我們連一個第一志願的學生都沒有，可以說是失敗了；若用經營角度來檢視，我們的團隊成員即將要進入醫院實習，有些夥伴要當兵，無法延續服務，也再次驗證這是一個失敗的創業。

因此，有好幾年的時間，我把夢想學園當作一個寶貴的失敗經驗，不斷地用「失敗為成功之母」這種老掉牙的古諺鼓勵自己，失敗越多就離成功越近。但三年後，當我收到同學們的邀請，要舉辦夢想學園同學會時，我改變了我的觀點。

「我很好奇，如果你們未來有小孩準備讀國中，恰巧那時有另一個夢想學園，一群年輕人設立的教育機構，你們會讓自己的孩子去參加嗎？」我不敢期待他們的答案，但真的很好奇夢想學園在這些學生心目中留下什麼痕跡。

「我當然會讓我的孩子去呀，」剛考上師範大學的田秉玉說道，「因為真的很棒！」

我一臉狐疑地看著她，本來以為這個懂得獨立思考的孩子會先來點批評。

「當然，當時的椅子真的有點難坐，不過你們給我們很大的空間，學習要對我們自己的課業負責，這是其他地方的老師沒有教我們的。」準備南下成大就讀的曾譯平一邊比著椅子的形狀一邊說。

「我同意，雖然我們沒有針對考試一直做反覆的練習，可是我覺得光是跟你們相處，就可以從你們身上學到很多。」甫進入臺大外文系的李盈瑩補充道。

其他幾位同學也點了點頭，表示同意。

那一刻，我心上的石頭瞬間落了下來。

我時常為了自己創辦夢想學園感到自責，不知道我是否因此耽誤了任何學生的時間，把他們變成了白老鼠，讓原本可以上第一志願的人因我們的鬆散而與目標失之交臂。我反覆檢討多次，仍無法平息心中的困惑。

那一晚，我睡得很好，因為我明白，夢想學園雖然沒有幫助許多孩子考上心目中最好的高中，但那一段學習歷程卻讓他們學會負責，沒有孩子把自己的考試成果推給我們，說是我們教不好。大部分的孩子學會把課業當作是自己的事情，對自己負責，而這不就是身為一個老師最應該教給學生的嗎？

一、兩年後的某天晚上，由於颱風即將來襲，室外狂風作響。我與書平仍依照原定計畫拜訪姚醫師。自從醫學系畢業後，去姚醫師家的頻率少了很多。我們東聊西聊，從聊未來規劃、聊姚宇和姚德，然後就這麼聊到了夢想學園。

此時，姚媽媽突然開口：「誒，對了，最近還有家長問我說那個夢想學園還有在開嗎？她聽說學生都很喜歡，希望能讓孩子去上課。」

我與書平鬨堂大笑，竟然還有人詢問已經關門四年的家教班，真是不可思議。

再一次，我心中升起無限的感恩。我感謝這些學生、家長對我們這群乳臭未乾的小伙子的信任。事實上，你們才是我們的老師。

轉戰補教一級戰場——臺北車站——

「冠緯，雖然你仍是在學學生，但你覺得可領多少月薪？」

「我不知道耶……」

「我覺得至少╳萬！」

「主任，太誇張了吧，這比我住院醫師學長姊的薪水高了許多……」

即將進入大學五年級時，我認識了大學升學輔導專家劉駿豪主任。劉主任原先在師大附中旁邊開了選才全科班，後來與臺北市最大的補習班——赫哲數學，以及國文名師吳岳，合作創立選才赫偉全科班。二〇〇九年的暑假，劉主任決定離開選才赫偉，因著上帝的感動，另開一間新的補習班——「得勝者文教」。

在會談過程中，我們很快看到可以彼此連結的可能性。對劉主任來說，他多了一群優秀的臺大學生，可以對學生進行「個別輔導」，這些學長姊不僅提供基本的解題服務，更可協助學生規劃整合性的讀書方法、時間安排諮詢等，如此將有相當的市場區隔性；而對我來說，由於已經大概知道夢想學園帶完第一屆畢業生就很難再經營下去，畢竟我們無法持續照顧未來的新生，但若是加入一個組織，沒有經營的最後一線壓力，那麼夢想學園團隊的能量或許可以繼續發揮。

我們這個十人團隊有了一個新名稱——夢想顧問團，這是得勝者文教最特殊的服務之一。我們像是醫師一樣，與一位又一位的學生懇談，從他們的興趣、時間分配、讀書方法等逐一了解，進而釐清整體學生生活的盲點。有的人是讀書動機低落；有的人則是把計畫安排得太理想化，以致永遠無法達成；而有的人是用記憶的方式面對理科……總之，我們先「診斷」出問題，透過適當的建議給予「治療」，然後再定期「回診」。

坦白說，這僅是很基本的邏輯，但恰好有別於一般補習班「來就是上課」的模式，學生們很喜歡這樣的互動，再加上夢想顧問團的夥伴學歷好，表達也好，因此很多家長來談過後，就希望自己的孩子能跟「學長姊」一樣。

• 挑戰自我極限，開闢一片藍海

沒想到這個在臺北車站初出茅廬的團隊，在補教紅海中闖出一片藍海，意外成了得勝者文教的亮點。而在這段過程中，不得不提一下由夢想顧問團自己製作的宣傳品。

由於劉主任本身就是一個點子很多的人，認為傳統排滿榜單的文宣了無新意，因此他大膽邀請夢想顧問團自己做文宣。恰巧在團隊內，書平擅長文字，可以設計文案；育儒古靈精怪，充滿設計點子；再加上玉婷、欣穎和一心都是醫學系美女，自然而然成為最佳的平面模特兒。這些組合讓我們設計出了一系列的文宣故事本，從「序曲」、「第1幕」、「第2章」到「第3者」，每當我們有一本文宣出版，就造成新一波的討論，因為實在太「奇怪」了。

以「第2章」的文宣為例，我們把每一位學長姊的讀書心得與經歷，依照不同主題編列，設計一些疾病名稱與相關症狀，讓正遇到某些讀書問題的同學可透過不同文章獲得適當建議。而整本文宣有沒有寫到任何課程內容呢？答案是沒有！因為我們都相信，很少人會

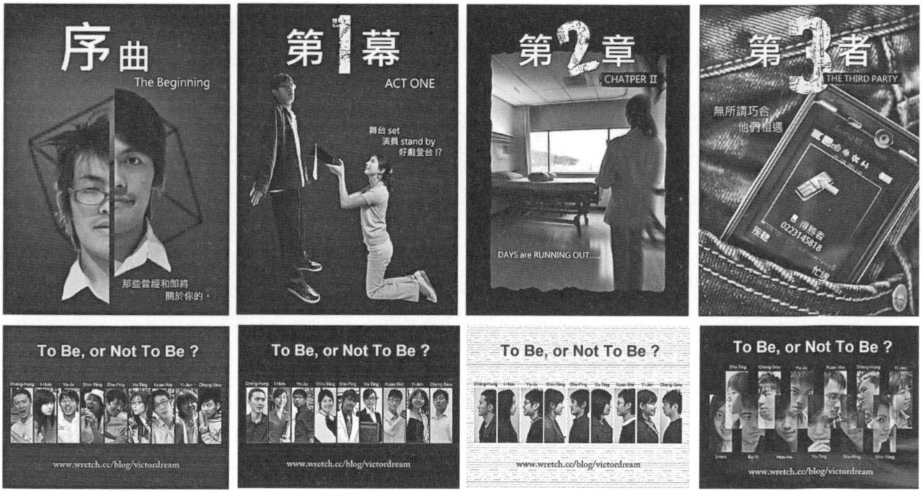

◆ 這四本手冊是當時得勝者文教的文宣，圖為手冊的封面與封底。

光看到文宣就來補習，但當大家拿到「非典型」的文宣時，多少總會留下一些印象，這樣反而容易引出學生的興趣。

身為夢想顧問團的團長，加上深入地投入每一場得勝者文教的招生說明會，我對於補習班的運作越來越熟悉，也了解到學生的困難在哪、家長的擔心為何，所以每當要跟家長談定最後付款事宜，招生人員總是喜歡找我去幫忙。

或許是看到我的重要性與特殊性，劉主任在我升大六時，邀請我擔任得勝者文教的執行班主任。要曉得那時我僅是一個小小的見習醫師，只能用兼職的方式做這份工作，但因為受到主任的器重，我決定挑戰一下自己的極限。所以那時我白天在臺大醫院學習，傍晚便穿過舊院的中央走廊，經過兒童醫院後門，跨過青島西路，來到離臺北車站M8出口不到一分鐘，位於中山南路小巷內的得勝者文教工作，假日時也經常花超過三個時段在這邊，幾乎快要變成一個全年無休的工作狂。

僅僅二十三歲的我，要負責管理幾位大我三到十歲不等的資深招生人員，而補習班就像是一般營利事業，業務單位的責任相當重，因此我總是設法激勵招生人員多方接觸學生，不能老是待在辦公室打電話，那是效率最差的做法。

我深深記得，有一次我被招生人員的被動態度給刺激到了，心想我給的建議他們怎麼都不做，甚至有「我比你聰明這麼多」的驕傲心態，沒想到招生人員冷冷地回應：

「又不是你在招，講得那麼容易，不然你自己去發發看傳單呀。」當時我才赫然發現，雖然我過去服務學生做得很好，但對於招生，其實了解非常粗淺，大多是紙上談兵，連傳單都沒有發過，怎麼能理解招生的困難在哪呢？因此，我作了一個決定，拿著我們的宣傳手冊，跑到離臺大醫院最近的高中——北一女去發。

剛開始我非常的卡，發現要拉下自己的面子很不容易，而學生看我卡卡的，當然也不太願意接過手冊。

在挫折之餘，我提醒自己，如果我自己做不到，又怎麼要求別人呢？所以我鼓起勇氣，改變策略，開始研究北一女學生的上學路徑，發現經過貴陽街另一側的人比學校這一側的還多，因此我先選定發傳單的地點。再來我注意到，只要在距離學生五公尺時，先說聲「同學早」，並且露出一臉微笑看著她，遞出手冊，學生接過去的機率，遠比等她走到我身邊，我才冒失地遞出要高得多。

許多人曾經問我：「身為一位臺大醫學生，你有必要把自己搞得這麼卑微嗎？」

確實，當我第一次發傳單的時候，內心有許多的心魔，也害怕別人拒絕，但隨著經驗的累積，以及不服輸的精神作祟，我漸漸發現過程中我學到的反而更多。我開始明白許多機會是可以自己創造的，即便是「發傳單」這種看似最簡單的事情，用心與不用心的結果，差距是很大的。

回首來看，在得勝者文教擔任執行班主任那段時間，最寶貴的並非優渥的月薪，亦非多次在大學博覽會上對著幾百人演講的機會，更不是在學測、指考後與劉主任一起接受多家媒體的採訪。對我來說，去深刻體會「態度」、「創意」、「執行力」等諸多暢銷書上常出現的名詞與執行成果的關係，才是我用錢也買不到、彌足珍貴的經驗。

不要和好友一起創業

「千萬別跟丈母娘打麻將，千萬別跟想法比你多的女人上床，千萬別跟好朋友合夥開公司。」

當我與書平、育儒看完了電影《海闊天空》㉔，這句臺詞不斷地在我腦海裡繚繞，尤其是最後一句，總覺得心有戚戚焉。

從夢想學園創辦人，到得勝者文教執行班主任，許多同儕或學弟妹都只看見我光鮮亮麗的一面，或者許多學生、家長稱我老師的那種尊敬，殊不知這段期間是我友誼最空洞的時候，內心常常感到挫折。

夢想學園時期，隨著學生人數的增加，我不斷地找新夥伴加入。才二十歲的我，對於企業最困難的「找人」一環，完全沒有概念，只是很單純的想，把朋友都找來一起工作，不是很棒嗎？所以，有四位夥伴是我的高中好友，三位是我的大學同學。一開始，大家和樂融融，感覺朋友一同做事很新鮮，我甚至舉辦了共識營，大家一起住姚醫師家，培養感情，殊不知創業時時充滿挑戰，經營補習班是非常務實的問題。

當時，我對於「薪資」的概念很差，總覺得好友家教能賺到的，我不能少給，免得對不起他們，於是給了與一般補習班相比相對高的薪水。同時，我又希望家長不要因為課程費用太高，而讓孩子沒有辦法來上課，因此即便夢想學園已經是小班制，我仍設法壓低我們的收費。這樣的情形，在招生狀況好時略有盈餘，但進入第三年，招生遇到瓶頸時，我第一次體會到什麼叫做「入不敷出」，得倒貼我自己的薪水。

升鴻是對數字非常敏感的人，雖然讀的是臺大資工系，但對財金、會計都很有概念，他向我簡單分析：「你只有兩種選擇：開源或是節流。」一想到節流代表要降薪或請人走路，我就倍感壓力，因此不斷地想方設法開源。

我拜託輔導組的夥伴開始幫忙招生，因為課程組的老師總覺得自己比較累，一次要對十幾個學生上課，而輔導組的人只要一對一就好，但兩者薪資差異不大。顯然當初沒有一位夥伴認為自己有需要做業務性質的事情，所以當我提起「家訪招生」的構想時，換來的是一個個難看的臉色。

不喜歡壓迫人的我，很快就打消藉由擴大招生來開源的念頭。在招生沒有進展的狀況下，課程組與輔導組在互動時變得有些尷尬，而我則夾在兩方「朋友」的意見中，不知如何是好。到了學期中間，我已經快要把自己薪資的額度都花光了，發現還是會出現薪水不夠發的窘境，我被逼得不得不開始節流。

首先，我縮編了輔導組，最後甚至整個廢掉。更糟糕的是，沒有太多經營經驗的我，總是在未跟當事人談過至少一次的情況下，直接向當事人宣布「請他走路」的噩耗。或許是礙於同學之間的情誼，大部分的夥伴都選擇默默地離開，而同樣被我fire掉的書平，則一改以和為貴的路線，嚴肅地提醒我如此操作的不適當。

那天，書平講了個《世說新語》的故事：「華歆、王朗一起乘船避難，有一個人想搭他們的船，華歆表示為難，王朗卻說：『船還很寬，有何不可呢？』後來強盜追至，王朗想甩掉那個搭便船的人，華歆提醒說：『我當初猶豫，為的就是這個原因，我們既已答應他的要求，怎麼可以因為情況緊迫就拋棄他呢？』便仍按一開始說的帶著他、幫助他。世人就憑這件事來判定華歆與王朗的優劣。」[25]

或許是因為自己仍太過幼稚，聽完這樣的故事，我惱羞成怒，還狡辯說：「我現在就是想當王朗，怎麼樣？」

那是大四下學期的事情，我把跟醫學系同學的關係都搞僵了，在學校碰面也顯得尷尬。我第一次發現自己原來這麼沒有原則。夢想學園經營好的時候，我就打腫臉充胖子，想要透過給予夥伴們更多好處來讓大家喜歡我；一旦經營情況惡化，我卻急著跟大家切割，沒有盡到誠信原則，就隨意開除人，把朋友都得罪光了。

● 誠信原則與核心價值

加入得勝者文教以後，我又有一次機會可以學習這門功課，但是卻再一次失敗了。

這群當初被我開除掉的醫學系夥伴，在我厚著臉皮邀約下，願意再一次合作，一起服務高中生；而仍在夢想學園服務的升鴻、承修等，也撥出部分的時間加入這個團隊，等於是夢想學園夥伴的再次集合。我沒有記取之前的教訓，沒有花時間先釐清團隊的核心價值與原則，就某種程度來說，雖然大家都是朋友，但這種為利而合的關係是無比脆弱的。

在高中補習的市場裡，臺大醫學系的價值遠比其他科系高，而我竟然為了讓團隊營運成本下降，回頭跟升鴻、承修等高中好友談，請他們離開團隊。又一次，我的舉動激怒了書平，他再次告訴我，他對我感到無比失望，沒想到我是這麼見利忘義的人。

那是我失敗感最重的時候，因為賺錢並非我最高的指導原則（不然我現在也不會在非營利組織工作），但在沒有建立穩固中心思想的情況下，我很容易受到不同人的建議而漂移不定。

不過，回頭看過去這些慘痛的失敗經驗，讓我對於帶領團隊、組織經營有了更深的體悟，也成為我醫學系畢業後進入職場最佳的養分。因此，我無比感謝我的同學們，在我還不成熟、不會做領導人的時候就願意跟我合作，在被我開除後也沒有一直批評我。被開除者的表情、書平的提醒，如今仍歷歷在目、言猶在耳，成為我作人事決定時最好的反思……

我與書平、育儒走出電影院，我轉身看著他們說：「書平、育儒，謝謝你們找我看這部電影，以後絕不一起開公司。」

我們都笑了。

㉔ 中國版名為「中國合伙人」，內容是講到三個好朋友合創「新東方」文教機構的故事。

㉕ 出自《世說新語》德行第一。

◆夢想學園與得勝者的夥伴——書平（左一）、育儒（左二）、玉婷（中）。

Chapter 6

不要驚動愛情

——美好的事物值得等待

「太想要擁抱 所以在祈禱
求學會放手 慢慢去尋找
找不到完美 找天長地老
當雙眼模糊 還會擁抱」
——不要驚動愛情（鄭秀文）／作詞：高皓正

門不當戶不對的致命吸引力

「你剛剛唱給Tim的歌好好聽喔，是你自己寫的嗎？可以教我怎麼寫歌嗎？」

我抬起頭，在昏暗的燈光下，依稀看見一位輪廓深邃、有著模特兒好身材的女孩站在我面前，臉上的煙燻妝帶出了那麼一點殺手特質。

她叫Lydia（化名），是我高中時期補習班好友Tim正在努力追求的對象。我聽Tim提過這位女孩好幾次，除了跟我分享他窮盡各種方法追求Lydia皆不成功之外，他最常跟我說：「我覺得她跟你超像，做事超拚，又多才多藝。雖然她不是讀書型的，但是很會賺錢。」

我去參加了Tim的二十歲生日Party，那是我第一次去夜店。Tim高中時是熱舞界的風雲人物，與會的朋友幾乎都是熱舞好手，只有我一跳舞就像患有肢體障礙一樣。不過，至少我有我的拿手好戲：作曲加上吉他自彈自唱。我請Tim給我五分鐘的時間，讓我唱一首歌送他，只是沒有想到唱完歌後，竟然是Lydia跑來跟我講話。

雖然我跟Lydia不熟，但必須很誠實地說，身為一個男生，實在很難拒絕美麗女生的邀請，所以我們就因討論「寫歌」而漸漸熟了起來。

逐漸認識以後，我發現自己跟Lydia的個性雖有相似之處，但卻有極大的背景差距。首先，她比我大三歲，而且早出社會，儘管年紀輕輕才二十三歲，已經有好幾年的經商經驗，三不五時赴大陸、日本、南韓與東南亞貿易採購參展，對於賺錢非常有概念。此外，她也曾經當過幾年的平面模特兒，有許多藝人朋友，這些都是我原本生活圈完全不會碰觸到的人。

或許是因為好奇心、虛榮心作祟，總覺得跟一個差異很大的人交往是件很酷的事情，因此我很快地對Lydia展開了追求攻勢，再一次運用我的拿手絕活——寫歌，擄獲佳人的芳心。

有趣的是，這段交往關係原本可能因我們之間的巨大差距很快就結束，沒想到卻因為我們兩人的主要共通特質——外在和平，內在叛逆，走上了完全不一樣的方向。

當身邊的人知道我與Lydia開始交往後，從家人、教會的牧師到朋友，沒有一個不提出質疑的。甚至當時我很敬重的一位長輩直接跟我說：「冠緯，你這個交往關係一定不到三個月就結束了！」沒想到我跟Lydia內在的叛逆特質被大大地刺激了，我們反而有極強的動機聯合在一起，要來共同對抗這個預言。所以我們刻意表現得看起來很甜蜜，也極盡所能地包容這一段關係，為的就是要打破這個不被看好的預言。

意志堅強在大部分時候是好的特質，但當我用來為堅持而堅持時，就不見得帶來祝福了。我們一起慶祝了第一個「滿三個月」的紀念日，接下來是第二個、第三個、第四個。當我們交往滿一年的時候，我的心中充滿驕傲，每每遇到那些看不起我們交往關係的人，內心總會默默地跑出旁白：看吧，你們都錯了，我和Lydia的關係可好得很。我以為別人唱衰我是別人幼稚，沒想到真正幼稚的是為了叛逆而叛逆的我。

交往一年後，我身邊的人大概看我怎麼勸也勸不聽，索性慢慢地接受了我與Lydia的關係，包括我的母親。但是，我的父親從來不掩飾他對於我與Lydia在一起的失望。關於這點，父親可說是我遇過最硬的鐵板。他從來不用激烈的言語批評、指責人，相反的，他的反對非常的和平，就是平靜地告訴我，他真的很難祝福這一段關係。不管我用什麼樣的方式，總是無法改變他的想法，就只好一直維持這種「理性討論」的模式。當時我心想，要說服父親最好的方式，就是讓關係繼續往前走，也就是與Lydia進入婚姻。

看到這裡，你可能會想我瘋了吧！現在回顧那段過往，我也覺得自己年少輕狂，不過當時我在夢想學園、得勝者文教皆有不錯的收入，從財務的角度算是可以進入家庭的，加上Lydia的財務狀況很好，我因此天真的認為就算還是學生身分，進入婚姻又有什麼關係？

積極的我總是不斷的思考如何把事情做對，而身為基督徒，常常會在婚前去上教會提供的婚姻輔導課程，一般來說是八週，涵蓋認識彼此、原生家庭、財務規劃、親密關係等議題。我在大五時與Lydia完成了這個課程，在大五下向Lydia求婚，一直到這一個時刻，我父親才意識到他的兒子從頭到尾都是玩真的。

雖然我的父親仍不完全認同，但因著對於自己兒子的愛，他選擇在最後階段讓步，告訴我他願意祝福我們這段關係。

總算，最後一個堅固的反對力量也消失了。

「皇天不負苦心人。」我對自己說。

● 面臨雙頭馬車的窘境

說也奇妙，當父親轉而祝福我與Lydia時，我們終於第一次認真審視彼此之間的關係。在那之前，我們總是砲口一致對外，是合作無間的戰友，但我們從來都不知道我們的心是否能夠連結，當一輩子的朋友。

我們很快地發現彼此方向的差異。

她對於商業貿易的興趣，以及我對教育、醫療的投入，沒有誰對誰錯，只是生活範疇差異太大，加上兩人都是動力極強的人，誰都無法配合誰。雙頭馬車，馬兒又往不同方向，這輛馬車大概也很難走遠。

然而，已經交往整整三年，我們都不願意承認，原來彼此不見得適合與對方走一輩子，因此兩人交往就在許多衝突與冷戰中度過接下來的一年，直到最後我們都累了，也認清原來長輩們並非故意反對，而是出於好意與提醒，最終我們協議分手。

分手的那一天，我覺得我整個人都毀了。

我開始自我否認、懷疑自己，畢竟兩人交往四年，婚輔上了，婚也求了，到最後才發現雙方是雙頭馬車這個顯而易見的事實，讓我意識到自己還太過幼稚。對於感情，我只想過「把戀愛談好」，卻從未想過應該如何預備自己的生命，同時也等候適合的對象出現。

非常感恩的是，在這段失意的日子裡，我的屬靈前輩——周巽正牧師總是不斷地安慰、勸勉與鼓勵我。透過一次又一次的對談與禱告，他幫助我卸下不必要的罪疚感，並且看清楚自己生命的問題為何。

回頭來看，這一跤或許跌得正是時候，我因此意識到許多時候我不能總是憑藉自己的聰明與任性，必須願意謙卑地傾聽別人的意見，不然我的倔強可能成為我生命中最大的限制。

人生很難每一步都走對，但如何讓走入歧路的經驗變成「化妝的祝福」，端看有沒有認清自己所犯的錯誤，從中學習，有所調整。

從醫學看戀愛

對於大部分的人來說，人生勝利組的故事總是乏人問津，因為一點趣味也沒有；反倒是充滿顛沛流離，最後苦盡甘來的曲折故事最能吸引人。

我從來沒想過自己失敗的愛情故事，可以成為別人的安慰，但後來卻有好幾次機會被邀請到不同地方分享我對戀愛的看法。

由於這個議題非常重要，可是在學校不會教，家裡也不常談，大家總是不斷地在試誤學習，然而有些原則應該是共通的，在這裡，我也希望能藉由這本書的一些篇幅跟大家分享。

我要先聲明我並非愛情的專家，僅是有過破碎的經歷，以及一段正在努力學習、經營的關係，但由於在醫學系的學習，使我對於戀愛有一些不同的觀點，提供給年輕的朋友們參考。我走過的死路，希望你們不用再走，也盼望你們能找到屬於你們的幸福。

我要從一個尷尬的角度切入戀愛這個議題。

在醫院急診，急性腹痛是相當常見的主訴之一，而其病因的可能性非常多。當我們遇到可生育年齡的女性時，「懷孕」是一定要考量的，因為子宮外孕與先兆性流產都是腹痛的原因之一。

「無論病人怎麼跟你們說『她絕對不可能懷孕』，請你們一定要記得驗尿確認，因為如果她的肚子裡真的有小baby，你們X光一照下去，就準備吃官司了。」主治醫師常常這樣提醒我們。

而在醫院，確實常聽到同學遇到年輕女學生懷孕的case，有的時候一驗尿才知道懷孕，然後超音波一照就發現小baby已經三個月大了。當然，以現在的醫療技術要拿掉一點都不困難，然而即便我們把倫理的爭議先擺一邊，也不得不承認這樣的過程，在年輕女孩心裡多少會留下難以磨滅的痕跡。

你或許會問，為什麼突然談到懷孕跟墮胎呢？因為大部分在學生時期發生這樣的事情，它常常跟「戀愛」是有關聯的，可能是其中一段插曲，甚至有更多時候是導致關係衝突的主因之一。

從醫學的角度而言，男女彼此相互吸引是再正常不過的了。（在這裡我沒有要談同性戀的議題，不是它不重要，而是這個議題目前正反兩方比較沒有共識，我想也不是我現在的程度能寫得出好論述的。）說到男女相互吸引，常有人開玩笑，當上帝創造夏娃，並且帶亞當來看夏娃時，由於兩人皆赤身露體，亞當欣賞到夏娃胴體的當下，不自覺地發出驚嘆：「Wow, man!」所以後來女人就被稱為woman了。

其實心理學上也常說到男女所想大不同，當女孩的腦袋裡裝滿了鞋子、衣服與講話中樞時，性卻幾乎佔滿了男生的整個腦袋。而男生這樣的特性與男性荷爾蒙確實有高度的關聯性。很多人說男生到老了仍然「很色」，最主要原因就是男性荷爾蒙的分泌量，在男性的一生中下降得非常慢。

到這裡你可能會說，且慢，一個巴掌打不響呀，如果只有男性會想到性，那為什麼會有年輕女學生懷孕的問題呢？原因很簡單，因為女生不見得討厭性，而且只要順著一定的順序，在夠長的時間表下，女生也會願意進入親密關係。

● 愛情是循序漸進的探險

讓我們先來看看男女交往時，肢體接觸常見的第一步：牽手。

大家可能不知道，牽手雖然看似一個簡單的動作，但牽手的魔力其實是極強大的。儘管手在身體所佔的體積比例不大，傳遞到我們腦袋裡的訊號區域卻很大，可能有佔主管大腦裡感覺皮質的百分之十到二十之間。因此簡單的牽手，甚至是摳摳小手心，對於大腦來說，其實都是強烈的訊號傳遞。

過不久，許多情侶會進展到親吻，而唇與舌更是另一個在身體體積佔很小，但在大腦皮質亦是佔百分之十到二十區域的例子，所以又牽手又親吻的狀況下，其實傳進大腦的訊息多到不可勝數。

此外，擁抱是一個很自然就會發生的動作，除非女生的胸部毫無發展，不然擁抱也是一個很強的訊號刺激，因為女性胸部的神經非常多，感覺亦是非常纖細，一個深刻的擁抱會在身體與大腦留下難以忘懷的記錄。

牽、吻、抱很容易就漸漸帶出後面的發展，雖然大部分的時候不會突然跳到最親密的關係，但在男生普遍會一直「攻擊」的情況下，女生即使會適當「防禦」，進兩步退一步的結果，就是身體親密度非常容易進展到奔回本壘的層次。

我並非什麼特殊的衛道人士。我想說明的是，性，絕對是令人感到興奮的，也可以是非常健康的。但如果我們在國中、高中、大學，甚至工作後，交往的關係中太早開啟了它，則不容易讓我們看清楚兩個人的差異，直到衝突大到性沒有辦法調和的地步。

在這樣的情形下結束一段交往關係，往往會搞得兩人身心俱疲。甚至，有時女生會意外在過程中要面臨懷孕的諸多挑戰。我在自己的部落格寫過一篇網路文章，專門談論這方面的事情，如果你有興趣，歡迎到「Dr. DREAM」看〈愛情是教授〉這篇文章。

如果我們有機會先從對方的價值觀、個性、原生家庭與夢想認識起，在發現高度相合後再進入交往，甚至有一天走入婚姻，那時，「性」絕對是這一段關係中最美的禮物。古諺有云：「不要激動愛情，等他自發。」㉖這句話說得真美。當我們從生理、心理面相去完整的探討愛情，願意耐著性子，讓自己成為一個對的人，並且等候相合的另一半，那麼我想，我們會很有機會經歷屬於我們的美好愛情！

㉖出自聖經雅歌二章七節，又謂：「不要驚動，不要叫醒我所親愛的，等他自己情願。」

Chapter 7

「醫官，請至官廳！」

——在一四六艦隊那忙到要死了的日子

「如果你沒有真正的絕望，你不會產生新的盼望。」
——丹麥哲學家，齊克果

命運之籤

睜開眼，看見鏡中的自己變成了小平頭，我只能故作淡定。

一週前我才剛考完醫師國考，對完答案後，心情較為篤定，畢竟醫師執照應該是考到了。但才短短的七天，我就要從準醫師轉換身分變成入伍生，接受為期五週的入伍訓，而我的頭髮竟然要剪得比國中的三分頭還要短。

每一個男醫師都知道，如果可以不用當兵，就不會晚同屆女同學或是其他免役的同學一年，因此很多人會告訴我們：「趕快讓自己免役或停役吧！」

對我來說，要合乎規定地把自己搞到免役並非不可能，但這樣的操作確實與我的信仰有所衝突，因此在兵役體檢前我做了一個禱告：「神

◆比三分頭還短的阿兵哥頭。

啊，如果我沒有經過調整的身體符合當兵體位，那我就去；而如果我真的是免役體位，那也感謝祢讓我省下這一年的時間！」

當然，我並無特殊隱疾，所以結果就得去國軍online了。

在入伍以前，我內心還是很掙扎，總覺得白白浪費掉一年，也會擔心當兵遇到衰事，但事情沒有轉圜的餘地，只好抱著忐忑的心情，去位於桃園龜山的聯合後勤學校衛勤分部報到。

由於我有考上醫官，入伍後便與這一屆三百多位準醫官一起受訓，為期五週，待第三週抽完軍種、單位籤之後，於第六週至各單位報到。而這五週在做什麼呢？簡單來說，就是基礎軍事訓練與醫官需要知道的基礎知識。

因為我們未來都是要當醫官，所以基本教練練得很少，連打靶都沒打過，手榴彈也沒丟過，甚至新訓應該要過的體測之一：十九分鐘內完成三千公尺跑步，都會放水，原因是部隊實在太缺醫官了，絕對不能在入伍訓時刷掉任何準醫官。

當然，這是醫官受訓，不是夏令營。在攝氏三十五度的八月天裡沒有冷氣，只有痱子粉、破掉的蚊帳與永遠不夠用的電扇；洗澡時間永遠太短，只能攜帶智障型手機也是相當麻煩。但嚴格說起來，我們比其他的大頭兵，甚至是其他官科的預官幸福得多，一方面是比較受上級長官尊重，另一方面一起受訓的人多少也有認識的。

由於每一位準醫官都是來自各醫學院的醫學系或中醫系，那五週變成是各醫學院的綜合交流，大家很容易聊起實習時各種奇異的經驗、醫院裡的八卦，也會談到未來選科的問題。

對我來說，最寶貴經驗便是接下丙班的班代一職。當時我們三百多個準醫官，依戶籍分為甲班到庚班，共七個班，丙班同學的戶籍主要分布在新北市與高雄市。當上尉連長在受訓的第二個晚上問有沒有人自願擔任班代時，現場一片寧靜，突然有一個意念進到我的思緒裡面：要多付出，才會學習，才會成長。而當我自願成為班代時，馬上有另一位同學舉手表示願意做副班代，他是高雄醫學大學醫學系畢業的柳林瑋醫師。

事實上，這位副班代比我更有領導能力與魅力，他就是洪仲丘事件「公民1985行動聯盟」的發起人，後來透過整個團隊號召了二十五萬人至凱達格蘭大道送仲丘。我自己在這件事情上也有一點點參與，就是寫了一首「仲丘好走」的創作紀念仲丘，沒想到後來仲丘的姊姊洪慈庸竟然在某一天敲我臉書，問我能否將這首歌用在仲丘的告別式。更巧合的是，被移送軍檢的洪案269旅醫官也是我們當時丙班的同學。當然，洪案發生距離我們受訓時已經十個月，而且當時我們也剛好都退伍了，因此才會有「公民1985行動聯盟」與「仲丘好走」，而最終也因社會大眾對於這件事情的關心，才不至於讓269旅的醫官莫名其妙地背上黑鍋。

我從來沒有想過，這麼重大的新聞事件，竟然會與我同班的兩個人切身相關；而又因接下班代的關係，我與柳林瑋醫師建立了更深厚的情誼，如今我們都走出醫院，成為不同單位的執行長，真是再巧合不過了。

回到入伍訓，其重頭戲是第三週為期兩天的抽籤。我們會抽兩支籤，一支是軍種籤，像是陸軍、海軍、空軍、憲兵、海巡署、後備、聯勤、中央單位等八種不同的軍種籤；第二支則是單位籤，比如說陸軍269旅的醫官（就是那位莫名其妙被告的醫官，如果是我抽中，那送洪仲丘去醫院的就變成我了）、海軍官校醫官等。這兩支籤決定我們接下來十個月待在哪裡，輕鬆還是不輕鬆。最好最壞的籤差異極大，一個可能是在國防部天天休息，閒閒沒事幹；另一個可能則是在野戰部隊，三天洗一次澡，跟大家一起下基地，一個月不能放假！

因此，抽籤之前大家花招百出，每個都希望求得好籤。燒香拜佛最為常見，甚至有人說手上塗綠油精就會抽到比較「涼」的單位，或者是在手上畫一個眼睛，這樣手伸進籤桶就可以看清楚籤的內容。

不過在抽籤前，教官跟我們說了一個學長抽籤的悲慘故事：曾有學長在手上既畫眼睛又塗綠油精，覺得雙管齊下效果最好，結果最後竟然抽中南沙群島，那是比金門馬祖的金馬獎還慘的地方，是三個月才能回臺灣一次的國境之南呀！教官解釋說：「為什麼會沒用，因為你在眼睛上塗綠油精，眼睛會很痛，當然就閉起來，看不清楚了……」

●果真「如願以償」

而我身為一個基督徒，最棒的方式就是禱告。所以我是這樣禱告的：「主啊，求祢帶我到一個能擴張我生命境界的單位，一個最能服事祢的單位，一個至少能帶一位『長官』信主的單位！」

這個禱告聽起來很崇高，其實我是有私心的。我想什麼單位能擴張我的境界？那當然就是三軍最高單位國防部啦！哪裡最能服事主？當然也是國防部呀！因為在臺北，離我聚會的臺北靈糧堂很近。哪裡最容易帶長官信主？當然也是國防部呀！因為每一個人官階都高，對象多，機會就多嘛！事實上，我的如意算盤是，去國防部這種離家近、又涼、又可以回家睡覺的單位，就輕鬆過一年啦！

然而，抽籤的第一天，我沒有抽到「中央單位」，而是抽到了「海軍」。我看了一下海軍的籤表內容，發現大部分都是軍艦上的醫官，只有三個陸地籤，因此我就想說，上帝應該是要讓我去僅次於國防部的海軍司令部吧，雖然小國防部一些，但也是高司單位，長官多，重點是地點在臺北市的大直。

隔天，換我去抽單位籤時，原本準備拿起一支籤，但腦海裡有一個聲音告訴我：不是這一支。所以我就抽起另外一支籤。旁邊報籤的人字正腔圓地把結果念了出來：「海軍一四六（讀做『一ㄠ』四六）艦隊班超軍艦，駐地澎湖。」

我頓時慌了。天呀，說好的海軍司令部呢？澎湖？那是什麼鳥不生蛋的地方？一四六艦隊？這是什麼難聽的名字啊？是「要死囉」艦隊嗅！這麼不吉利！

而且更大的打擊是，我最要好的大學同學汪書平竟然抽中了我最想抽的國防部！

然後我就跟上帝吵架：「為什麼不是我抽中國防部？」

上帝只簡短地用了一句溫柔的話回應我：「孩子，我愛你，我正是照你所求的給你啊！」

我完全無法明白上帝的意思，也無法接受，但生米已經煮成熟飯，九月中我只好乖乖地到班超軍艦上報到。

「我無法選擇最好的，但那最好的選擇了我。」我只能這樣安慰自己。

海上計程車

當我抽中班超軍艦，回到位子上後，馬上有人跟我說：「恭喜你登上海上計程車！」我一聽就覺得不妙，這名字有種隨叫隨到的感覺。當我到軍艦上報到時，才明白箇中奧祕。

班超軍艦隸屬海軍艦隊指揮部一四六艦隊，該艦隊共有八艘成功級的軍艦。由於掛載雄風二型飛彈與標準一型飛彈，在對艦與對空作戰能力都屬於上乘，因此駐地澎湖馬公測天島軍港，有面臨對岸大軍壓境時打頭陣的意味。雖然一四六艦隊部辦公室在澎湖，但軍艦可不是一直停在港邊，常常有任務要出海，而且海軍近年來走混編制，各艦隊每個月都要派船去別的艦隊駐地跑任務。因此，班超軍艦曾戍守巴士海峽、監控鄰近釣魚臺的海域，或者在臺灣海峽上巡邏，各式各樣的任務都有。

去班超軍艦的前三個月，我非常不適應。原因很多，第一，九月底我剛上船時，正逢海象越來越差的時候，動不動就是八、九級的風浪，連一艘大軍艦都能左右搖擺三十度，雖然我是不太會暈船的人，但身為醫官，光發暈船藥就發到快暈了。如果在我們艦慶的時候，你有機會登船來看看，會發現每個艙間的床都有一條安全帶，為的就是防止船太晃時，阿兵哥從床上摔下來。不幸的是，三不五時就有人從第三層床摔下來，使我在船上練成了「縫紉高手」。

第二個原因是，我們這一型艦的任務超級多，主要是機動性高，而且不怎麼耗油。海軍有四種一級艦，一級艦就是火力最強的軍艦，上面有掛載飛彈的，分別是美國製兩型（一六八艦隊與二六一戰隊諾克斯級和紀德級艦，駐地蘇澳）、法國製一型（一二四艦隊的拉法葉艦，駐地左營），以及臺灣製一型（一四六艦隊的成功級軍艦，駐地澎湖馬公測天島軍港）。

我本來以為自己所在這種臺灣製的船應該是最遜的，沒想到用的是飛機引擎，我們從臨時接獲任務到出港至港外就位點，只要花三十分鐘！

你知道浪漫的法國船要多久嗎？答案是三小時！

那你知道美製的諾克斯級要多久嗎？答案是三天！

因為它們是一九七〇年代的船，已經服役超過四十年了，引擎用的是蒸氣鍋爐，就是燒開水的意思，也就是說它們要開動就要先燒開水，把一大缸的水從室溫燒到沸騰，結果一燒就是三天……

那美製的紀德級呢？它們的機動性也很快，火力比我們更強，為什麼不常常派它們出任務呢？

因為光是從蘇澳港開到左營港的油費就要花一百萬，我們的油錢大概是它們的一半，所以它們的綽號是碼頭王。因此，我們這八艘成功級軍艦的任務超多，一個月常常跑超過十五天，有的時候甚至是二十天，而且長程航行一次就要七到十天，天天看海又天天暈……

第三個不適應則是我很難放假。船只要動，我就要在，幾乎快跟艦長一樣重要；加上本艦任務超多，所以我常常連一個連續放假三、四天的空檔都沒有。而最讓我真正崩潰的是，剛上船前三個月就遇到有人從最高層的甲板摔下來，有人手指被夾斷，有人的阿基里斯腱被割破。

其中最慘的，莫過於有一天半夜我被緊急的敲門聲吵醒。

「醫官、醫官，兵二艙出事了！」

我鑽過狹窄的艙孔，踏著六十度斜梯往下衝，穿過人群，只見小弟兄在兵艙內強烈抖動，話語脫離現實。

「醫官，他怎麼了？」中校輔導長不斷詢問。

「鬼王、鬼王，我看見鬼王！」小弟兄扭曲著身體，全身赤裸地大喊。

初步確認小弟兄的生命徵象穩定，意識也還算清醒，但認知卻大有問題。在艦上沒有精神科用藥的情形下，我只能把另一位患有焦慮症同仁的抗焦慮劑暫時給這個小弟兄頂著用。

好不容易撐到早上去澎湖三軍總醫院，島上唯二的精神科醫師診斷為「急性精神病狀態」，必須立即住院。只是澎湖沒有精神科病房，要轉送臺灣本島，我只好陪著打了強效抗精神病針劑（Haldol）的病人飛回高雄。沒想到小弟兄家住臺北，家人希望能就近照顧，隔天一早我們又從高雄殺到臺北，住進專門收精神病患的北投分院。

由於小弟兄的狀況緊急，需要看護，船上一時之間派不出看護，我必須留在精神病病房住一晚，那一晚伴著我入睡的，是同房其他病友突然發出的呼喊聲，以及一股特殊的騷味。

隔天，船又要動了，我必須從臺北搭飛機回澎湖艦上報到。三天內，我搭了軍艦、飛機、高鐵，陸海空都搭了，來回跑了好幾百公里，只能說真的累慘了。

吃苦當作吃補

經歷了這麼多事情後，有一天我忍不住跟神抱怨：「為什麼把我操得那麼慘？」

神回答我說：「你不是境界要被擴張嗎？」

「然後呢？」
「想想你從哪裡來，而你現在在哪裡。」
「我是板橋人，從板橋來，現在在班超軍艦上呀！」
「那你想想兩者的英文。」
「嗯，板橋的英文是PANCHIAO，班超是PANCHAO，有點像呀，怎樣？」
「你想想兩者的關聯。」
「就差一個『I』呀！」
突然間，我明白了，從板橋到班超是一個把「I」，也就是把「自我」拿掉的過程。我是一個自我感覺過度良好的人，因此常常會變得比較自我中心，而神為了要擴張我的境界，祂要我知道我必須吃更多的苦，才能同理那些辛苦的人！可是我還是很不甘願。
「神啊，祢不是要我們的靈、魂都興盛嗎？祢這樣『打壓』我，要我把自己拿掉，對嗎？」
神說：「我又還沒有講完，你想想你在班超什麼？」
「班超軍艦呀！」
「那軍艦的英文呢？」
「WARSHIP！WORSHIP！」

我頓時明白我所敬重的一位美國牧師Kris Vallotton在《君尊皇族的覺醒》裡所說的話：「我們說自己不偉大，這樣不是榮耀神，我們承認祂是我們偉大的源頭，這樣才是榮耀神。謙卑不是貶低自己，而是尊榮我們的神。」

無怪乎箴言二十二章四節說道：「敬畏耶和華心存謙卑，就得富有、尊榮、生命為賞賜。」

是先敬畏、敬拜神，才心存謙卑的。看來神的確回應了我第一個禱告，也大大擴張我的境界，只是這樣的方式，我從來沒有預期過。

海上計程車的專屬小醫師，果然不是一般人能當的。

◆雖然任官掛階時，感覺非常帥氣，但軍艦醫官真的很辛苦。

輔導長的眼淚——

換上便服，我背著吉他，從軍艦後甲板走下梯口，騎著腳踏車，來到馬公測天島軍港的哨口。

哨口的憲兵看了我的識別證後，向我敬禮：「長官好。」

我輕輕點了頭，就這麼騎出了哨口。雖然澎湖的風又鹹又強，但卻攔阻不了我的行程規劃……

我一開始以為到澎湖這種鳥不生蛋的地方，大概沒什麼服事[27]的機會，因為這裡沒有熟悉的教會。沒想到我錯得離譜。

首先，澎湖一點都不「鳥不生蛋」，熱鬧的馬公港、美麗的山水沙灘、刻劃著歷史痕跡的二坎村落，以及仍殘留肅殺之氣的西嶼東臺，有人氣、美景與歷史，更別提七美、望安、吉貝這些各具特色的島嶼。再來，我的母堂——臺北靈糧堂剛好在我入伍的同年九月於澎湖設立分堂。

當我第一次去小組聚會的時候，教會的負責人羅維正傳道直接問我星期天可不可以帶敬拜。我心想太酷了！才第一次去就帶敬拜，這很像是剛去一間新公司，老闆就請你接營運長的那種感覺。因此，只要船停在澎湖，我就會利用星期日的放假班，騎腳踏車去教會，慢慢地把澎湖的敬拜團隊建立起來。

在我退伍前的四、五個月，因為軍艦任務的關係，我的船變得非常少回馬公，大多停在蘇澳與左營，一直到退伍前一個月，我回到馬公再次參與他們的敬拜時，發現當初少少的三人敬拜團隊，已經變成一個完整的Team，有鍵盤手、吉他手、歌手等，讓我非常感動。

相較於基督徒比例超過百分之十的

◆ 我在澎湖福音中心帶敬拜的情形。

臺北市，在澎湖建立教會也是非常有意義的服事，而且當時澎湖開拓型的事工更適合我的個性與恩賜，因此不得不驚嘆上帝竟然可以用這種方式，讓我參與一個教會的開拓，也回應了我第二個禱告：帶我去一個最能服事主的單位！

然而，隨著釣魚臺與菲律賓事件的發生，我的船開始東南西北奔波，一下停澎湖，一下停左營，一下停蘇澳，然後又是臺灣海峽、巴士海峽、太平洋。當日子來到了五月初，我發現我的第三個禱告仍然沒有成就。因此，我再次向神呼求，奇妙的事情開始發生了。

奇蹟從天而降

五月初，從國防部轉來了一位新任的中校輔導長，由於前任輔導長建議他上船可以先跟醫官聊聊，所以他剛上船的那一週，一有空檔就跑到醫務室跟我聊些船上的事。

起先我的防備心還滿強的，因為先前船上的官兵打聽過，這位新任輔導長作風很強硬，如果被他抓到什麼把柄，絕對嚴懲。所以呢，雖然我心裡千百個不願意，但既然長官都主動上門，也只能來者不拒，戰戰兢兢地陪長官「聊天」。

幾天後的某個上午，我在讀聖經時，上帝提醒我去翻翻，入伍前我向神所做的三個禱告。我發現其中一個是「帶領一位長官信主」，並意識到前兩個禱告神都已經成就了，唯獨這一個還沒有。

我問神說：「祢該不會要我跟這位嚴肅的輔導長傳福音吧？」

神沒有回應。

我又問神說：「我只剩兩個多月就要退伍了，時間這麼短，是要怎麼傳呀？而且從小到大，我幾乎沒有完整地領過一個人信主，這樣真的可行嗎？」

神只默默地回應我：「這是你自己的禱告，而且你快退伍了，所剩時間不多，我只是提醒你一下。」

突然，我意識到我竟然不願意為自己向神的禱告付出行動代價，所以決定改變跟輔導長的互動模式。

當他下次來找我時，我開始主動關心他，並發現在聊到他的孩子時，他總是很在意要如何給予孩子最好的教育。此時，我就會傾聽，而我們的關係也越來越親近。

有一天輔導長突然對我說：「醫官，我想跟你去教會。我分析過，你的優秀應該不只是你父母親教出來的，你的信仰扮演著更重要的角色，我希望我的孩子跟你一樣，所以我想先去教會看看。」

聽到這段話的當下，我非常驚訝，在我沒有做任何邀請之前，一位嚴肅的長官竟然自己說要去教會！這不是神蹟，那什麼才叫做神蹟！

由於那時班超軍艦停在馬公，我向主做了一個禱告：「主啊，我就要退伍了，如果輔導長要去教會，可是他只去過澎湖福音中心，那以後船停在左營或蘇澳時，他會不知道要去哪個教會，怎麼辦？」

奇妙的是，船的任務恰好在接下來兩週分別停在左營港與蘇澳港，所以我們六月二日去澎湖福音中心，六月九日去高雄靈糧堂，六月十六日去蘇澳芥菜種靈糧堂，我把輔導長介紹給了當地的教會夥伴。我沒有想到神可以用最短的時間，讓輔導長三間教會都去過，與當地的會友建立關係，往後不論船停哪裡，都有屬靈的家！

放下武裝，走出黑暗

當船停在左營時，發生了一件有趣的事情，那時我已經開始帶輔導長每天讀經，而我決定送他一本《標竿人生》。恰巧左營軍港哨口外面有一家書坊，某天晚上我們決定出去買書，可是當我們到書坊時，發現門卻是關的，上面貼著「營業時間早上十點到晚上八點」的公告。我看看手錶，已經八點零五分。我駐足在那兒，不知如何是好；剛學會禱告的輔導長則偷偷做了一個「求神開路」的禱告。

就在我們準備離開之際，一個聲音對我們說：「你們在找什麼呢？」

我嚇了一大跳，還以為是上帝在對我們說話。

轉過身，只見一個慈祥的老先生站在那，是老闆本人。他說他離開後，走了一小段路，有一個內心的聲音叫他折回來，結果他就看見我們。他特地為我們開了書坊，我們開心地買到書，又在裡面東晃西晃，與老闆聊天，到九點才離開。那一天，輔導長的信心大大地被提升，他發現神是回應禱告的神！

在蘇澳期間，芥菜種靈糧堂的張孟訓傳道送了輔導長一本醫治釋放的書《走出黑暗》，輔導長決定連續十五天，每天按照禱告手冊的內容禱告。聽到輔導長每天分享禱告時所領受到的，我真的感動到不行。一個原本看似兇狠的長官，自己主動說要去教會、大量讀經，還開始做醫治釋放，真是太猛了。

六月二十九日，輔導長在蘇澳芥菜種靈糧堂受洗了。他滿心喜樂地坐在第一排等候，但在開始敬拜時，他就覺得很感動，嘗試壓抑自己的情緒……這時，他第一次聽見主對他說話：「你在ㄍㄧㄥ什麼呢？」

他跟主說：「我從讀軍校到現在，十八年都沒有哭過，怎麼可以在這時候哭呢？」

主回答他：「孩子在父親的面前何必武裝自己？來到我懷中安歇吧！」

那一刻，我看見輔導長的淚水如潰堤般，不斷地流下，像個孩子一樣……

退伍幾個月後的某一個早晨，我接到了一通電話。

「冠緯嗎？我是POA㉘，我跟你說，這幾個月發生的事情實在是太奇妙了……」

我靜靜地聽著，嘴角不經意地上揚，好像又回到了醫務室裡我們談話的時刻。

㉗服事，指的是為人禱告、接待人、帶敬拜等基督徒的活動。

㉘POA念做「破ㄟ」，是軍中對於輔導長的慣用稱呼。

◆圖為張孟訓傳道在為輔導長禱告，準備受洗，我在一旁帶著敬拜，而輔導長陷入深思。

一日班超人，永遠班超人

http://youtu.be/vgF-D_7RCjc

「團結一心在全班，和諧共創佳績超，戰力強盛是我班超。」

聽著電吉他的刺耳音樂，沒想到清晨六點在軍艦上，從廣播系統傳來的竟是我自己的歌聲。

我快快地換上藍短褲、T-shirt，準備到岸上集合做晨操。

「ㄟ，醫官，早上被你的歌聲叫醒，真的比平常的『搭低』聲好太多了。」電戰下士林子立恰好在梯口遇到我……

在我要退伍前，我想說一如大學畢業一樣，做一首歌送給船上。沒想到艦長聽完以後，決定每天早上起床要用這首歌當作鬧鈴，你知道在一艘軍艦上聽著自己的歌聲起床是件多麼神奇的事情嗎？

此外，船上有一種操演叫做「高線傳遞」，是由兩艘軍艦一同執行，目的是從一艘船艦傳遞物資給另外一艘，而通常接收方在完成操演後，會播放軍歌，代表全船士氣大振。後來艦長也決定高線傳遞後不再放軍歌，改放「班超人」這首專屬班超軍艦的歌，也是相當有趣！

冥冥之中自有安排

在海軍當醫官的這一年，是我最無法自己掌握，卻又是最驚奇的一年之一。雖然我沒有放在禱告裡，但一直很擔心當兵這一年會很窮，因為當醫官的本俸每個月只有一萬六千元。

後來我才意識到，上帝讓我到班超軍艦竟然還有另一層用意，就是因為一級艦風險較高，我們有海勤加給一萬七千五百元，再加上駐地澎湖有島勤加給一千八百元，所以我領的是所有醫官裡面最多的三萬五千元，幾乎是其他醫官的兩倍多！

同時，由於軍艦不斷地移動，我認識了澎湖、高雄、蘇澳這些美麗的地方，跟當地教會的弟兄姊妹建立了友誼。而在軍艦上，我也看過鯨魚、海豚、美麗的夜空；我曾跟

◆圖為左營軍港開放參觀時，我與高雄的友人在班超軍艦前合影。

直升機、戰鬥機的教官閒聊，聽聞許多飛行的精采故事。某次航行時，戰系長甚至還讓我開過軍艦，一艘幾千噸的大船竟然只要兩指握著小舵把就可以掌握！

經過這一年，我更加明白從高中以來就很喜歡的一句詩，那是印度詩人泰戈爾於《漂鳥集》所寫下的：我無法選擇那最好的，但那最好的選擇了我！上帝用超乎我所求所想的方式，成就了我的三個禱告，如同聖經以賽亞書五十五章九節所說：「祂的道路高過我的道路，祂的意念高過我的意念。」意思是，我的人生中有一個更高的主宰在帶領著我，我必須盡本分做我該做的，但那些我所不能決定、卻是如此重要的部分，就憑著信心交給神吧！

● 無價的當兵回憶

退伍的那一天，船上播放著「班超人」，艦長、副艦長與輔導長帶著我進行全艦巡禮，所有的官兵從船中到艦尾分左右兩列歡送我，我與每個人握手或擁抱。後來我才知道，這是艦長交接時才會有的儀式，之前不論是誰退伍，都沒有這樣過。

艦長在最後一個位置，眼眶泛紅的抱著我說：「Doctor，謝謝你！」

我微微笑，「艦長，一日班超人，永遠班超人。」

在我下梯口時，梯口的值更軍士大喊一聲：「敬禮！」

「醫官好！」兩旁值更兵迅速舉起右手敬禮，同時答應道。

全船的人在飛行甲板上跟我揮手致意，送我離開。

那一刻，我明白哥林多前書二章九節所說：「神為愛祂的人所預備的，是眼睛未曾看見、耳朵未曾聽見、人心也未曾想到的。」我從沒想過原本預料會是受苦的一年，結果卻是收穫如此豐富的一年。雖然我經歷了許多挑戰，卻建立了許多友誼，甚至開拓了不同的視野。我越加明白，信仰生活就是把自己的本分做好，同時禱告、交託、仰望、信靠神！

美國名將道格拉斯・麥克阿瑟曾說：「如果給我一百萬再去當一次兵，我絕不願意；如果給我一百萬要跟我買當兵的回憶，我也不願意。」

我想，我再同意不過了。

◆我的退伍禮物，十七位艦上軍官合送我的班超軍艦模型。

Chapter 8

勇闖教育叢林的小醫生

——均等、一流的教育夢

「於是在方董事長的感召之下，許多年輕人紛紛加入教師團隊，其中最值得一提的就是呂冠緯的加入與付出。」

——嚴長壽《你就是改變的起點》

豆漿店巧遇可汗

離開補習班的時候，已經是晚上十一點了。

大五、大六時，我常常一天工作十六個小時。早上七點去臺大醫院參加晨會，接著是一整天的見習。由於見習醫師只有少數時間會在第一線照顧病人，因此我利用在醫院的時間，盡量把該讀的書讀完。五、六點下班以後，我常常連應付消化系統的時間都沒有，便匆匆趕往離醫院不遠、在臺北車站附近的得勝者文教上班，而在與許多學弟妹一對一會談後，往往都已經是晚上十一點了。

二〇一〇年一個秋高氣爽的夜晚，一如往常地，我騎著機車要從光復橋回到板橋的家。或許是意識到自己處於略微低血糖狀態，腸胃道也發出了些許抗議聲，嚷著它們需要被安撫，我決定停在華江高中附近的豆漿店，舒緩我那轆轆飢腸。

蒸餃與熱豆漿下肚後，我整個人瞬間活了過來，突然開始有精力看看周遭的事物。順手拿起桌上的報紙瀏覽，翻著翻著，一個標題抓住了我——比爾·蓋茲最喜歡的家教老師。

「比爾．蓋茲？比爾．蓋茲怎麼會需要找家教老師呢？他自己就這麼厲害，還需要誰幫他教小孩？」我咕噥著。

我快速瀏覽了一下，只見「麻省理工學院」、「哈佛」、「避險基金分析師」這些精英級的詞彙跳了出來，我於是決定從頭細讀一番。

● 連比爾．蓋茲都在意的事

原來，比爾．蓋茲某一天看到他的女兒珍妮佛正在透過某個叫做「可汗學院」的網站學習數學；蓋茲仔細一瞧，發現這不是他前幾天才教過，而珍妮佛卻一直搞不懂的觀念嗎？

蓋茲重新問了珍妮佛幾個問題，赫然發現他女兒竟然全部都懂了。蓋茲既開心又生氣，開心的是女兒懂了，生氣的則是有人竟然能透過「網站」這麼不直接的方式把他女兒教懂。不過，當蓋茲仔細研究可汗學院，才發現可汗這個人很有意思。

薩爾曼．可汗㉙（Salman Khan）是一位高材生，麻省理工學院數學系、電機與資工學系三主修畢業，之後又拿了電機、資工碩士與哈佛商學院MBA。他原本在波士頓的一家避險基金公司當分析師，後來為了幫住在紐澳良的表妹補數學，便透過錄製小影片上傳YouTube，提供與他相距甚遠的表妹學習。可汗萬萬沒有想到，後來有許多素昧平生的人在網路上留言給他，說這些影片幫助了他們的學習。

於是可汗決定做進一步的嘗試，把他會的盡可能都錄製出來。由於可汗博學多聞，除了最擅長的數學科，他從小學的1+1=2錄到大學的偏微分方程、摺積定律，還有高中程度的物理、化學、生物，甚至是經濟學、財經學、世界史都難不倒他。

當時，他已經錄製了將近兩千五百支教學短片。再加上可汗擁有資工的背景，善於寫程式，就自己架設了可汗學院（Khan Academy）這個免費的自學網站，提供互動式的習題，讓學生看完影片還可以做練習。而那一年他決定離開原本高薪的工作，全力投入可汗學院這個非營利組織。

而蓋茲注意到可汗學院不久，便決定透過自己的基金會大力支持可汗，因為他相信這是個能帶來「Learn almost anything at anytime, anywhere, at your own pace」的教育革命。

• 是嘗試，也是實驗

讀完報導後，我不顧桌上還有幾粒蒸餃在等我，走出去跳上機車，衝回家研究這個網站。

當晚我看了好幾支影片，做了不少習題，興奮到完全忘記隔天六點還要起床準備去醫院上班。

為什麼會興奮呢？在我輔導上百個學弟妹後，發現不論在學校或補習班，老師經常下課後便離開教室，回到辦公室，許多學生對於某一個小觀念有疑問，卻常常找不到人可以解答，而自己看課本、參考書也看不懂，最後便只好放棄，洞越破越大。

然而，可汗學院的免費網路教學短片，讓所有人可以隨時隨地找可汗出來講解某一個觀念，即使在考前需要複習時也可以這麼做。我確實認為這樣子的短片能夠部分解決兩大問題：學生有疑問無法得到解答，以及學生根本不可能一整堂課五十分鐘從頭專心聽到尾。

隔天，我打電話給李育儒，跟他分享這件事。腦筋動得很快的他，上網一查，就發現可汗有公布他所使用的軟體，分別是免費的繪圖軟體SmoothDraw與精緻的桌面錄像程式Camtasia。於是，我開始利用零碎的時間嘗試錄製影片。

有的時候我跑到醫學院圖書館的小隔間裡錄，又有的時候我晚上回到家，趁家人熟睡之際多錄了一、兩片。高中以前，我的英、數、理都還不錯，因此抱持實驗精神錄製了高中英文、數學、物理、化學、生物、地科，一邊錄製一邊上傳到我的YouTube。

雖然因著醫學生的課業、補習班的工作與教會的參與，讓我能花在錄製上的時間並不多，但是半年後我開始收到一些有趣的回饋。

「挺實用的，希望你可以多上傳。」

「很有幫助，Please do more! Very helpful!」

「超ㄅㄧˋㄤ，希望高一到高三的數學影片都有。拜託！」

我與這些來信者互不相識，漸漸地感覺到一個需要，也隱隱地自覺或許我有一點點能力與熱誠回應這個需要。因此，即便到了大七實習醫師的忙碌時期，我仍盡量找空檔錄製影片。

同一時間，我也時常收到「講得很好，還有化學1-2嗎？」，或者「呂冠緯學長的分享棒極了，請問生物只有1-1、1-2嗎？」的回饋。當我收到越多這樣的回應，就越常陷入沉思。我對臨床醫學確實有興趣，不過好像隱約地看見另外一

◆ 我學習Salman Khan在更衣間裡錄製影片的模式，課餘時間便躲在我的小工作室錄製影片。

條路，雖然不清楚、不明朗，但或許值得一試。

而每當遇到這種困難的抉擇時，我總會向上帝禱告：「如果祢要帶領我往哪裡去，求祢讓我清楚地明白祢的旨意。」

就這樣，意想不到的事情發生了……

㉙關於可汗與可汗學院（Khan Academy）的故事，可以閱讀圓神出版社《可汗學院的教育奇蹟》（The one world schoolhouse）一書。

小醫師vs.科技人

手機突然響了起來。

在實習醫師宿舍略做午休的我，從床上驚醒。這是一種被訓練過的條件反射，就像巴布洛夫的狗聽到鈴鐺聲，立即有反應一般。再仔細聽，才發現大聲作響的不是醫院的公務機，而是我私人的手機。

「喂！冠緯，你現在有空嗎？」

原來是劉駿豪主任打電話給我。他說有位退休的科技業老闆對可汗學院很有興趣，想看看在臺灣能否做類似的事情，因此透過友人詢問教育界是否有想法比較創新的人。由於劉主任很能掌握大學升學的生態變化，是補教界的媒體寵兒，每次大學學測、指考結束，各大報社、電視媒體都會自動聚集在得勝者文教一樓參與記者會。我猜想對方應該是因為劉主任的知名度而找上他。

「主任，所以我可以幫上什麼忙嗎？」

「你來秀一下你錄製的各科短片吧！」

恰巧早上才跟完皮膚科門診，下午沒有其他行程，我便跟劉主任約在距離實習醫師宿舍不遠的一家咖啡店碰面。一進咖啡店，我看見劉主任與兩位男士坐在一塊，其中一位臉上掛著溫暖的笑容，另外一位眼神則是既慈祥又銳利。

● 有眼不識生命中的貴人

「你好，我是活水社企創辦人陳一強，你可以叫我Ray，這一位是誠致教育基金會方董事長。」

「你好，我方新舟。」在我還來不及問候時，這位方先生就先開口。

「您好……」我一時反應不及，或許因為還是有點戒心，心想不知道對方來歷與目的為何。

接下來，我花了些時間分享我如何知道可汗學院，以及在那之後怎麼開始錄製影片，接著就播放我錄製的各科影片。有趣的是，雖然當時我錄製的影片還不多，但是已經把高中英文、數學、物理、化學、生物、地科的資料夾按各個章節創建好。因此當我點入不同科目的影片時，自動讓別人以為我已經錄製了非常完整的影片，但事實上我僅有每個科目的第一個章節錄製完成。不過，令我感到意外的是，這位不知從哪兒冒出的方董事長，竟然在看我的教學影片時看得津津有味，專注入神。

「冠緯，你錄得真好，我們有機會邀請你幫忙嗎？」方先生的眼光從螢幕轉移回我臉上。

「嗯，謝謝您的稱讚，不過接下來我還要實習將近一年，畢業後又要當兵一年，能做的事情可能有限，真的很不好意思。」

事實上，不論是初次認識的那一天，或者是後面的幾次互動，我內心總是充滿驕傲，自認為是全臺灣最早知道可汗學院的先鋒之一，更別說在錄製可汗風格的小短片後，收到不少網路回饋，讓自我感覺本就良好的我更是目中無人，一心以為可以靠自己、靠這些小短片拯救臺灣教育，確實可以說是響叮噹的半瓶醋。

反觀人生歷練豐富的方董事長，持續在這兩年中，用一封封溫馨的E-mail邀請我加入誠致的

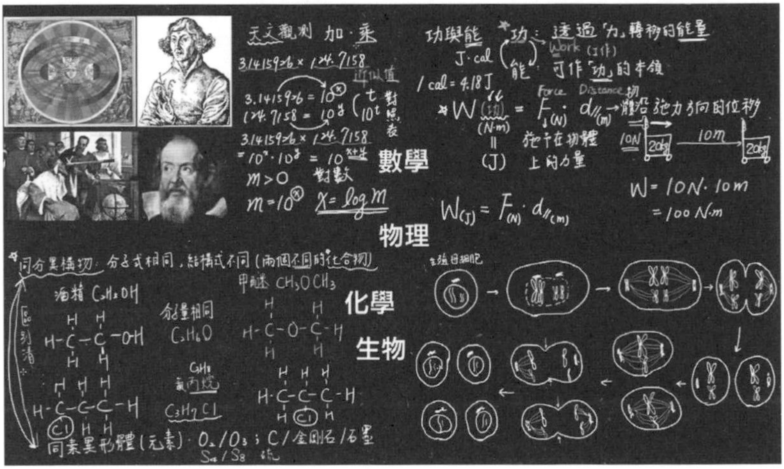

◆ 我將自己錄製的黑底彩色淺字手寫風格教學短片分享給方先生看。

大家庭。方先生在美國矽谷工作二十年，之後回臺創立科技公司，公司後來也上市，最後順利地把公司賣掉；閱歷無數的他，卻願意謙卑、耐心地跟我這個小屁孩溝通，讓我的態度慢慢軟化。不過一直到我當兵以前，也不知道這個互動關係到底有什麼未來性。

• 從自給自足到下定決心

在海軍當醫官時，我已經下定決心要給自己一個冒險的機會，不論是否真有一份工作，我打算先靠在補習班存下的一點積蓄自給自足，退伍後繼續錄製教學影片，等把國高中數學、自然科錄製完成，再看看有沒有人願意投資我。

坦白說，看著同學忙著申請住院醫師的手續，我的未來卻是充滿未知，說不擔心是騙人的，但我還是吃了秤砣鐵了心，對於申請醫院工作無動於衷。

過了住院醫師報名期限後，有趣的事情發生了，一位久未聯繫的朋友問我知不知道「誠致教育基金會」，因為她有朋友在裡面工作，或許可以碰面聊聊可汗學院。

在這期間，方先生雖然一直邀請我加入誠致，但我也不知道從何評估起，因為我很清楚自己是一個非常難被管理的人，更直接地說就是很挑老闆的人。既然現在誠致教育基金會有員工了，我心想這是一個大好的機會，可以透過方先生的員工來認識這位老闆的行事風格。

在與誠致的早期夥伴鐘敏豪直接約在基金會聊過後，我對於方先生的認識開始有所改觀。如果說我們可以從孩子的身上看見父母親的家庭教育，那麼我想也可以從一個單位員工身上看到老闆的文化與價值觀。

敏豪其實非常特別，在加入誠致之前，他是臺積電的研發工程師，但為了探索自己的興趣與尋找工作的意義，最後選擇放下高薪，加入團隊。當我與敏豪互動的過程中，我發現他擁有一種不容易在同輩身上看見的寬度與包容度，在我不斷挑戰誠致教育基金會的不成熟時，他總是成熟地承認這些不足，卻又積極地提出基金會希望能一步一腳印的努力。

後面故事其實就如大家想像的一樣，我很快地與方先生約了碰面，也很快地敲定加入誠致大家庭的時間與工作項目，也因此才有可能從臺大醫師轉職成網路教師，甚至是現在的執行長角色。

每每回想起這一段經歷，總是給我一個深刻的提醒，那就是：善待尊重每一位曾經與我生命有交集的人，因為我永遠不知道自己未來與這些人的關係是否會另外有交集。

我曾小看的教育門外漢方先生，最後竟然成了我的貴人。若非方先生是個有度量的人，我想在我小看或者得罪他人的同時，許多機會早就離我而去。

當然，這樣的機會，除了跟這些貴人很有關係以外，也跟自己的決心息息相關。那到底為什麼我會這麼有信心，不去申請住院醫師呢？這就要說到另一個在香港發生的故事了。

強颱襲擊香港

「Hi, how are you?」

我抬起頭，看見一對白人夫婦正對著我微笑。此刻窗外颳著大風，而我的生命好像也將經歷一場極大的轉變。

時間回到醫學系畢業前的某一次臺北靈糧堂青年崇拜，會中提到了七月底的香港短宣特會，並在當次安排了一位弟兄分享前一年參與的見證。聽完見證的當下，我心中突然有一把火被點燃，不斷地在催促我要去報名這一個短宣隊。

但當我回家查了行事曆，才發現我的醫師國考時間剛好在香港特會結束隔一天。我對上帝說：「主啊，不要開玩笑吧，沒有人在國考前這樣搞的啦！」要知道醫師國考平常都可以不讀，但最重要的讀書時間就是考前一個月，要透過大量反覆背誦、寫考古題，讓自己的短期記憶充滿了這些醫學知識，比較有機會順利通過。若考前一週完全沒讀書，那是非常危險的。

在禱告了一週後，主給我一段簡單的經文：「你們要先求他的國和他的義，這些東西都要加給你們了。」[30]

此後，祂又給我另外一個感動：「如果你想明白你的命定[31]，就憑信心去吧！」我心想，好吧，主都這樣說了，就報名吧！

然而在我們抵達的隔一天，也就是正式營期的第一天，卻遇上了香港十三年來最強的一次颱風。我們在開場的聚會結束後，就被迫取消當天晚上跟第二天早上的聚會。起初我還跟神抱怨：「為什麼要讓颱風來呢？」我很希望能聽到每一堂聚會講員精采的分享，並且在來香港前就不斷禱告，求神使用這一段時間特別對我說話，讓剛從醫學院畢業的我更明瞭我未來的命定。

我原本以為神會透過在各堂聚會的綜合信息給我一個藍圖，好讓我「明白我的命定」。但第二天早晨，當我在交誼廳讀聖經禱告時，一對白人夫婦走向我，跟我攀談了起來，後來我才知道他們是國際知名福音團隊（Global Awakening）的牧師John和他的太太Cathay。

「Can we pray for you?」

我們才簡單地聊了幾句，他們就問我能否為我禱告。

「Sure, why not?」我爽快地答應。

命運掌握在我的手中？

我以為這個友善的邀請僅是一個蜻蜓點水式的祝福，沒想到當他們開始為我禱告時，卻輪流分享出他們從上帝那兒領受的感動。其中談到了三個面向：我的呼召、我的情感關係與我的夢想，而且內容相當具體。

「冠緯，我感受到上帝要對你說，你常常在猶豫到底要不要追求你的夢想，但上帝要你保持信心，朝你的夢想前進。」

在聽到這樣的禱告時，我非常驚訝，因為這對夫婦除了知道我是一個醫學系畢業生之外，對我可說是一無所知，但他們禱告的內容正是當時對前途充滿不確定感的我所需要的。

或許有人會說這是迷信，也或者有人會說這是罐頭禱告文，但在被禱告的當下，我的心確實如同窗外被強烈颱風吹拂的大樹，不斷震盪著。

營隊結束後，整整一週沒有讀書的我，在睡完一覺後，竟順利地考過醫師國考，晉升為一名合格小醫師。或許是意識到自己的階段性任務已經完成了，我下定決心朝著心中的夢想——「為每個人預備的免費教育資源」邁進。

英文裡有一個字叫做「Serendipity」，相當不好翻譯，含有「幸福的意外」、「愉快的驚喜」的意思。隨著年紀的增長，我越發感覺到我之所以會走上教育這一條路，確實是有相當多的Serendipity。不論是遇到貴人，甚至是透過上帝的引導克服內心的恐懼，我看似可以自己決定一些事情，但又有許多是在我的掌握之外。

試問，誰能控制我去香港時剛好就遇到十三年來最大的颱風？又試問，誰知道我因颱風困在宿舍時，會恰好遇到John和Cathay為我禱告呢？

㉚ 經文出處為馬太福音六章三十三節。
㉛ 定，即Destiny，並非消極的宿命，而是造物主賦予每一個人身上積極的目的。

冠緯學長與小綠綠

「奇怪，為什麼我的高中生物影片有四分之三的點閱者是女生呢？」我盯著螢幕上的數據，納悶地問著。

「或許是大哥哥的魅力吧！」敏豪在一旁冷不防地補上一句。

二〇一三年十一月，我加入誠致已經邁入第五個月，由於可以專心錄製教學短片，影片快速累積了五百支左右，每週瀏覽量亦以超過一萬次持續增加中。由於在短短的兩週裡有八場專題分享，因此我花了一些時間整理影片的相關瀏覽數據，意外地發現點閱生物影片的男女比例超級不平衡。

帶著這樣的疑惑，十三日我來到北一女

◆ 至北一女演講時與學生合照。

進行分享。當中我也推薦了均一教育平台上的教學短片，做為同學的延伸學習資源，並且順帶提到各科影片的瀏覽數據。

「冠緯，你好，你講的生物科男女觀看比例失衡應該是我造成的。」會後一位女士笑容可掬地走向我。

「喔？您好，我是冠緯，請問您是？」

「我是生物科的孫老師，我們好幾個班都在用你的影片呢。」

就在幾週前，我的Facebook開始有一些北一女的學生加我為好友，其中有幾位提到她們很喜歡這樣的教學短片，可以隨時暫停，隨時重複，不會像上課一樣，一個恍神，就錯過什麼重要內容。

其中一位同學特別提到：「我們老師都用你的影片上課噢！」當時我還搞不清楚是怎麼回事，不過聽了孫老師的解釋後，一切都真相大白了。

● 翻轉式教學的現實版

原來孫老師「請同學先讀課本，到課堂上討論」的翻轉式教學已經行之多年，今年暑假，她原本想錄製一些內容，提供高一新生更容易咀嚼的影片素材，結果在網路上尋找資源時，意外發現我已經錄製了不少影片，就直接把均一教育平台的影片連結放入她的Moodle課程裡。

所謂Moodle課程，即是一個網頁版學習管理系統，老師可以將各種各樣的影片、練習題放在上面，而譽真老師每週就把要討論進度的影片放上去，請同學回家先看，這部分就算是回家作業了。

由於錄製影片時不需要管秩序，也不會有重複講的需要，因此一般課堂上要講兩小時的進度，我大概花四十到五十分鐘就講完了。

「北一女的學生相當聰明，常常以一．二五倍速，甚至是一．五倍速在觀看影片，因此在三十到四十分鐘內，配上一杯香醇的咖啡、一點點Bossa Nova風格的輕快音樂，生物課就愉快地度過了。」孫老師跟我分析道。

「那上課時要做什麼呢？」

我對於這樣的影片應用感到相當好奇。

「不如你找時間來課堂上看看吧！」

幾天後，我就出現在孫老師的生物課堂裡。上課鐘一響，同學們快速地把桌椅轉成三到四個人一組的排列模式，接著生物小老師發下一張學習單，上面都是要同學們在看完影片後討論的生物概念。

「同學們透過平台的影片有知識的輸入，而在課堂上則可以進行知識的輸出，藉由相互討論把疑問限縮到大家都不會的問題，這時我再進行引導或者解答，就不容易一直重複進行講授。更重要的是，同學們因此養成討論、合作等課本上沒有教的能力。」孫老師趁著同學們在討論時，走到教室後端為我補充說明。

我這才明白，老師所利用的教學模式，正是近來在美國很流行的「翻轉教室」，即課程以短片的形式在家預習，並且可以隨時複習，而作業、討論或專題則是在學校進行，優化師生與同學之間的互動時間。看著

◆孫老師非常用心地在各組之間解釋著生物學的基本觀念。

同學們愉快地討論，絲毫沒有一個人是教室裡的客人，我開始羨慕起這一群學生……

●「藏鏡學長」現身

後來我又陸續到北一女觀課好幾次，而同學們也都知道我就是那位影片裡的「藏鏡學長」。

「學長，我們想聽你唱科學方法歌[32]！」

「學長，我們來唱科學方法歌。」

由於生物第一章有一節是講到科學方法，稍嫌枯燥，因此我在影片中把內容用歌曲的方式呈現，意外地大受好評，也變成每一次去北一女不同班級的交流項目。

其中，善班的同學甚至做了一張超大的瓦楞紙卡片，寫滿了密密麻麻的回饋給我，像是——

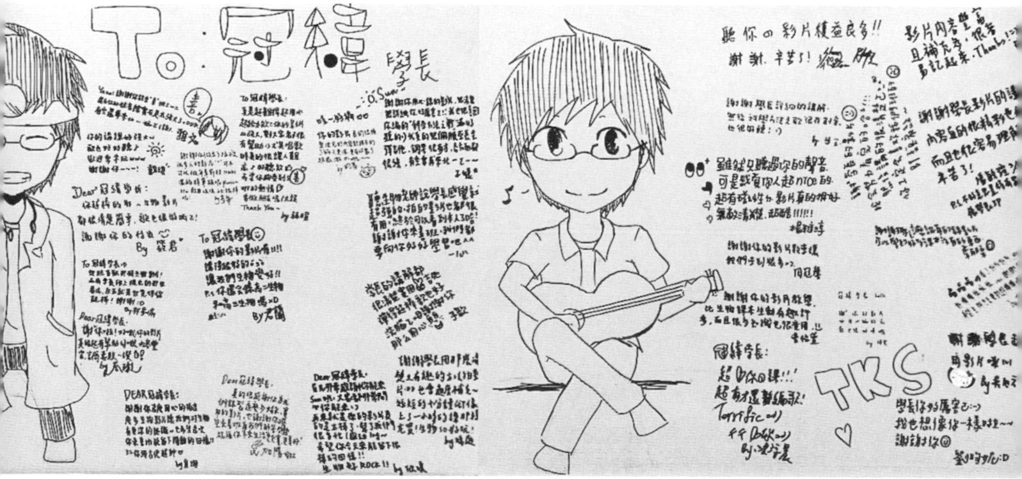

◆北一女學生們給我非常多的回饋，真的很感動！

生物好Rock！

雖然只聽過你的聲音，但感覺你人超Nice，超有磁性的。影片真的無敵清楚，超棒！

吉他彈得超棒，歌也好洗腦喔！

看到這些文字的當下，不可謂不感動呀！或許，確實有這麼一點點大哥哥的魅力。

我原先以為這些影片頂多是學生自學的工具，沒有想到在孫老師巧妙的安排下，變成是老師翻轉教學的教具。有了這樣正面的使用者經驗，我又有更多的動力，躲在自己的小房間裡，繼續錄製那一片片黑底、淺字、手寫、一對一口吻風格的教學短片。

㉜ 科學方法歌在國高中生物課程裡小有名氣，影片連結於此http://youtu.be/SZkUBpONqrl

無牆的教室、無懼的學習

「自從我愛上教育平台，開始覺得數學的每個單元越來越好玩，就像打樂樂棒球一樣，不停地累積分數。現在我不但分數越來越高，也從原本覺得數學很難，變成一個愛上數學的小女孩了。」

我讀著臺東桃源國小柯小平同學的留言，頓時有如打了一針強心劑，整個精神都來了！

自從退伍加入誠致教育基金會擔任專案教師，甚至隔年升任執行長後，還是不斷地有人在問我：「你好好的醫生不當，到底在做什麼呢？」為此，我希望能用簡短的篇幅，談談臺灣的教育問題，以及可能的解方。

這是一個醫學人的習慣，先有診斷，才有治療。

● 跨越時空與速度的公平學習

從二〇一二年全球最著名的學習素養測驗PISA可以了解到，臺灣學生的數學能力雖強，排名第四，但是程度落差全世界最大。同時，教育公平性低，代表的是學業表現與家庭社經背景高度相關，也就是弱勢家庭的孩子已經不太有機會靠教育翻身。另一個警訊則是學生的學習動機低落，屬於全世界的後段班。

但同一時間，我們看到了一些機會。由於可汗學院（Khan Academy）、Coursera、Edx等大型線上教育平台的普及，讓學習在有網路、有載具的狀況下，可以跨越空間、時間與速度的限制；同學要學任何課程，甚至是頂尖大學的名師分享，都可以在網路上免費獲得。而臺灣的家用電腦與網路普及率均相當高，約百分之九十六與百分之九十二。最後，是我們實際看到一些教學現場，越來越願意將科技導入教學，應用成翻轉學習（Flipped Learning）或混成學習（Blended Learning），並且慢慢有許多對學習有正面影響的案例出現。

因此，我們大膽地假設，現今教育現場的困境，能在適當的科技輔助與願意擁抱改變的老師裡獲得解答。

在這樣的思維下，誠致教育基金會以可汗學院為基礎模板，推出了均一教育平台，內有「一對一式教學短片、互動式練習題、徽章系統與點數制度、教練功能」等四根柱子，盼望能提供均等的學習機會、一流的教育素材，進而達到「學生能用它自主學習，老師能用它因材施教」。

同一時間，我們很清楚的知道，均一教育平台就是一個工具，沒有要取代老師，也沒有辦法取代老師，就像斷層掃描、核磁共振也無法取代醫師。因為一個是工具，一個是人力資源，互不取代；而若有好的配搭，就會帶出加乘的效果。

均一教育平台的應用，第一層是可以拿來補救教學，舉凡跟不上的學生，都可以利用其內容複習，不用怕被罵，也不用擔心老師重複講，因為影片要重播幾次都可以，有變數化的練習題要反覆練幾次也都沒問題。第二層的應用則是提升到翻轉教學的層次，也就是專注在「以學生為中心」的教與學，課程並非以老師授業為主，而是專注在傳道與解惑。

不會消失的黑板

臺東縣桃源國小鄭漢文校長與楊貽雯老師、林幸慧老師帶著許多原住民孩子，運用並驗證了偏鄉小校可以這樣做；新北市龍埔國小的施信源老師、顏美雯老師的翻轉數學課，也驗證了孩子竟然會拚了命想要學習；臺中市光榮國中鍾昌宏老師與其所帶領十幾所學校的數十個國中生物翻轉班，更證明了在常態編班的環境裡，運用均一教育平台進行翻轉教室的模式，會帶來集體成績的提升，更重要的是學習動機的轉變。北一女的例子則說明，精英教育也可以用平台加翻轉的方式，來突破原先教與學的框架。

試著想像一個國小生在每天上數學課前，先做完針對兩個觀念共十六題的數學基本題目，老師在課堂開始時，就已經掌握學生對於該觀念的理解情形，可以花時間針對個別學生的需求來協助他，甚至鼓勵學習速度慢的同學向快的同學請教。再想像國高中生物課前，學生以自己的速度，在自己想要的時間、地點，完成了課前影片預習，進到教室後，除了同學間系統性的討論，老師安排更多的實作與實驗，同學不僅是擁有知識，更是擁有經驗。

一旦學習遇到問題，影片可以重複觀看，就算無法從影片或者互動式練習題獲得解答，教室裡的互動時間也大大增加，更有機會跟同學切磋，向老師請益，而不是老師一下課就回辦公室，連討論的機會也沒有。

在均一教育平台上線滿兩年的這個時刻，我們的使用者已經超過十三萬人，每週不重複活躍使用者也超過四萬人，練習題被寫超過兩千萬題，教學影片瀏覽量超過一百二十萬次；更難能可貴的是，利用均一教育平台導入現場教學的教室已超過五百間。這些老師在引導學生養成的，是自學、思考、表達等帶著走的能力，讓學生有機會面對未來這個持續變動的社會。

而在這些美麗數字的背後，其實更重要的是對於教育的共同想像。均一教育平台的精神領袖、公益平台文化基金會的嚴長壽董事長常提醒我們：「教育不是裝滿一壺水，而是點亮每個孩子心中的蠟燭，讓它發光發熱。」這句引用自愛爾蘭詩人葉慈的話，可說是誠致教育基金會的精神食糧。

離開醫院，投入教育，是頭殼壞掉？或者過於理想主義？我想醫療與教育的價值是無法直接比較的，兩個同等重要。醫療面對的是一個個人的生命，教育面對的則是一整個社會的生命，而我選擇我更有熱情與使命的那一個。

當我看見臺東的孩子與臺北的孩子透過網路有相同的學習素材，學習速度不同的孩子因著有「不會消失的黑板」，沒有一個人會被犧牲掉，教室的圍牆倒塌，學習的恐懼卸下，這不就是我們期待看見的教育夢嗎？

◆在二〇一四翻轉教室工作坊臺大場，我很榮幸能與幾位教育前輩同臺分享，包含鄭漢文校長、孫譽真老師、鍾昌宏老師等。

Chapter 9

新鮮的熟悉感

——美國行、新加坡行與升任執行長

「靈感——這是一個不喜歡採訪懶漢的客人。」
——俄國唯物主義哲學家，尼古拉・加夫里諾維奇・車爾尼雪夫斯基

多年網友的初次見面

在等待舊金山著名的Cable Car時，我與身旁兩位比利時人攀談起來，而前一天的世足十六強賽——美國對比利時，成為最好的話題。

聊著聊著，我好奇地問道：「你們對美國有什麼想法呢？」

一個說美國什麼都大，另一個說這裡的服務生比歐洲親切。接著他們反問我：「你呢？你對自己的國家有什麼看法？」

「噢，你說臺灣嗎？」

「你不是這裡的人嗎？」

「呵呵，不是耶，我來自臺灣，這是我第一次來美國。」

坦白說，被認成美國人的當下還滿爽的，畢竟這代表幾件事情：第一，我的英文還可以；第二，我的行為舉止看起來不會很像觀光客。雖然先前沒有來過美國，但我從網路、從書本上了解了一些關於美國文化、創業精神、名校的故事，加上天生喜歡英文，感覺跟這個國家已經當了許久的網友。而這一次，總算跟網友見面了！

在地化的旅遊行程

我很幸運，雖然在學生時代沒有出遠門，只去過中國大陸、香港、韓國、關島、帛琉，但在工作第一年的尾聲，因為出差，需要到美國一趟，參加二〇一四年六月底在匹茲堡舉辦的「翻轉學習研討會」；加上老闆的允准，我前後延長了一些假期，自己一人去紐約、費城與舊金山走走。更幸運的是，因為有些朋友在美國，所以在紐約、費城與舊金山都是住在朋友家，而他們也都會給我最在地化的建議。

在紐約時，地鐵加上走路幾乎就可以走遍所有地方，曼哈頓上城、中城、下城、布魯克林、皇后區。而在這網路化的時代，只要手機能上網，有個Google Map，就可以輕鬆解決從甲地到乙地要搭哪一條線、在哪一站換車等問題，絲毫不用擔心是一個人旅行。

有趣的是，困擾我的往往是最小的事情。像是第一天搭地鐵，我買了一張七天無限搭乘的悠遊卡，在第一次要出站時，我找不到可以刷出的地方。觀察一下其他人的動線，才發現大家都直接推門走出車站，也就是紐約地鐵只管你搭幾次，不管你搭多遠，所以只有刷進，沒有刷出。又或者我第一次要領錢時，把卡插入提款機，卻不見任何反應，定下心來仔細看了指示，才發現提款卡要插入後快速抽出，才可以開始操作。

還有，我要從紐約Penn Station搭火車去普林斯頓大學時，找不到驗票口，問了站務人員，才知道是在車上才會查票。一上車，我發現大家都把票夾在前方座位椅背頂端的小夾縫，當車開始移動後，果然就有查票人員來剪票。不過這些其實都不是什麼難事，碰一次以後大抵就會了，所以往後不論是點餐刷信用卡填小費、用Yelp㉝查餐廳，還是搭免費史坦登島渡輪看自由女神，都不困難。

說起旅遊景點，舉凡第五大道、中央公園、時代廣場、百老匯秀、布魯克林大橋、自由女神像、911紀念館、SOHO㉞區、MOMA、哥倫比亞大學、普林斯頓大學都去了；但我心裡

◆ 去紐約總要走過一次的布魯克林大橋。

的成就感竟更多是來自我發現自己有辦法在一個新城市生活。若想認識新朋友，就去找那種單獨出遊在自拍，或者兩人出遊在互相拍照的旅客，主動上前協助照相，別人絕對願意，也會特別感謝你，因此就很容易認識各式各樣的人，當然也同時會獲得別人回頭幫你照幾張相的附加好處。

去費城的短短兩天，剛好是一個很好的對照。

我有一位就讀賓州大學教育碩士的朋友吳家維，就把我照顧得很好，因此我雖然去了很多經典的景點，像是自由鐘、獨立紀念館、MINT、賓州大學等，但缺乏在費城建立真實生活經驗的機會。我漸漸體會到，每一個新狀況都是絕佳的學習機會，試著解決新問題，會拉寬人的想法。

到了匹茲堡，我有機會第一次在美國開車，雖然曾經在市區快速道路下錯兩次交流道，但說到底也不是什麼無法挽回的錯誤，反而在快速的累積經驗後，更知道怎麼看交流道，也知道不要過度依賴導航。

去舊金山時，每天騎著朋友的腳踏車到捷運站，然後把腳踏車扛進車站，搭當地的捷運系統——BART㉟到處趴趴走，活像個當地人。不過我想最美好的小冒險，算是去史丹佛大學找教授聊天的經驗了。

心動當然要立刻行動

由於我從醫療人轉成教育人的關係，總覺得自己本職學能有所欠缺，心想或許五、六年後有出國讀書的可能。

那要讀什麼呢？

我查詢了各大學的教育Program，意外發現史丹佛的Program是最創新、最多科技融入的，而且還有MBA的整合性Program，也就是僅僅花兩年時間，就可以拿到MBA與教育碩士。

當然，申請這樣的Program很困難，但為了避免僅靠自己的想像來做評估，如同高中生總是聽到臺大醫學系、臺大電機系很好，但裡面到底真正在讀什麼卻一無所知，因此我決定，既然難得到北加州一趟，就應該親自走訪史丹佛。

在去美國之前，我寫了好幾十封信給教育學院的不同教授，然而很不巧的是，我去的時候是暑假期間，留在學校的教授少之又少，而我最想找的老師又剛好休長假（Sabbatical），隨著去美國的日子越來越近，我卻尚未確認跟任何一個老師約得上時間，坦白說，內心焦慮萬分。

恰巧，我認識一位剛從史丹佛電機系退休的教授Teresa㊱，寫信詢問她應如何面對這樣的狀況。

「就直接去學校晃晃，看有誰在，就直接跟他自我介紹，說明你的來意。美國教授很習慣學生主動去問問題的，不要擔心。」Teresa好像非常了解我心中的焦慮，直接點破我這種非得要掌握好情況才敢行動的完美主義。

到了美國後，我持續寫信，而寄出去的信有如投向湖裡的石頭，眼看毫無飄回岸邊的可能……

「好吧，下次來美國也不知道是什麼時候了，不去闖闖，怎麼知道行不行？」我以為自己很愛冒險，但對於未知，其實還是需要不斷自我打氣。

● 跨出舒適圈，面對得與失

那一天，我一樣扛著腳踏車，跳上北加州的火車Caltrain，從舊金山一路搭到Palo Alto，隨著距離史丹佛越來越近，我可以感覺到心跳不斷地在加速，那撲通撲通的聲音好像可以直接從頸部肌肉傳進我的內耳，跟要見心儀的女生沒什麼兩樣。

從Google Map上面，我找到教育學院的位置，就在史丹佛最著名的「The Quad」旁邊。我騎車經過這利用砂岩石工術砌成的建築時，剛好看到這四合院的教堂旁邊寫著這麼一段文字：It is by suffering that God has most nearly approached to man; it is by suffering that man draws most nearly to God.（透過受苦，神才能最親近人；透過受苦，人才會最親近神。）

我笑了，原來過去一個月那種石沉大海的被拒絕感，確實讓我更親近我的信仰，畢竟除了禱告，我能再做的也不多。瞬間，我的心情輕鬆許多，這才發現原來四合院的騎樓都是由一扇扇的拱門組成，配上米色的砂岩牆面，好不莊重；而紅色的屋頂與加州淺藍的天空，形成強烈的對比。

「人家史丹佛家族當初都敢在學術風氣尚不盛行的美西建立大學了，去找個教授裝熟算得上什麼

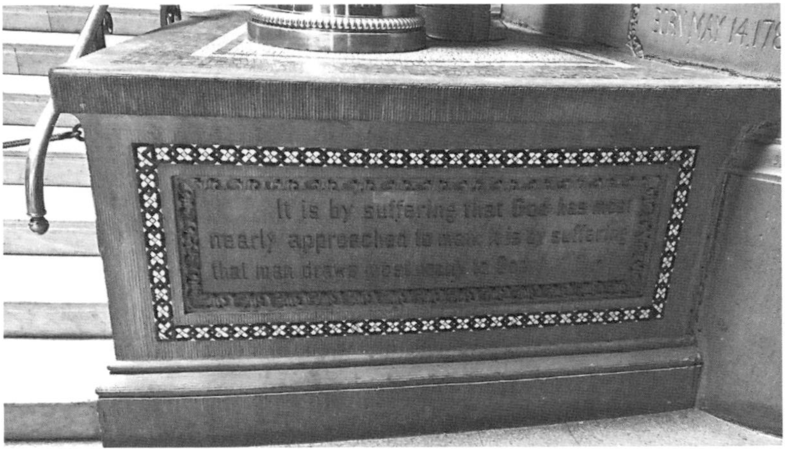

◆ 教堂旁石柱上寫的字樣：It is by suffering……

困難？」我自我解嘲。

後來，我順利找到兩、三個教授願意跟我聊聊，而且也去了商學院，詢問MBA的事宜。這一路的過程驗證了「跨出舒適圈，你才能學到美好的新事物」。很多時候，事情的困難度是很主觀的由我們心中決定的，而在美國，我慢慢理解這個國家之所以會強盛，是他們擁抱嘗試與失敗，快速從中獲取經驗後再快速修正，因而能將創意變成真實。習慣事情要有高成功率才願意做的我們，會不會因為不敢跨出舒適圈，反而失去更多呢？

㉝ Yelp：一個手機APP，方便查詢餐廳的距離、費用、評價，以其資訊正確性聞名。

㉞ SOHO：是South of Houston Street的縮寫，該區有獨特風格，有許多好逛的店、好吃的餐廳。

㉟ BART：Bay Area Rail Train的縮寫，即舊金山灣區的大眾運輸，可以從舊金山機場到市區，再到柏克萊、奧克蘭等屬灣區東邊的城鎮。

㊱ Teresa Meng，孟懷縈，北一女中、臺大電機系畢業後到美國讀書，二十八歲就獲聘於史丹佛大學任教。是創銳訊（Atheros Communications）通訊公司創辦人，以領導分散式無線網路技術發展最為知名。現為中央研究院院士與美國國家工程學院院士。

跨國談判初體驗

「We think there is a good possibility to co-host Flip-Con East Asia in Taiwan.」Jon握著我的手，表達期盼能在臺灣共同舉辦東亞區翻轉年會。

這一趟去美國，除了自己的行程以外，最主要是去匹茲堡參加由翻轉學習網絡（Flipped Learning Network，簡稱FLN）這個非營利組織所舉辦的翻轉年會。Jon跟Aaron這兩位共同創辦人是科羅拉多州一所高中的化學老師，從二〇〇七年開始錄製影片，請同學回家看，然後邀請學生把作業帶來學校寫。這種「翻轉教室」（Flipped Classroom）的教學模式，幾年後在美國流行起來，他們便開始舉辦大型的年會，提供美國老師們充電的機會。

在方董事長（以下簡稱方大哥，是同仁平常在基金會對方先生的稱呼）的鼓勵下，我與兩位同仁、六位中小學老師，以及一位《親子天下》記者一起參加了二〇一四年的年會。而臺中市光榮國中生物科的鍾昌宏老師，把他過去幾年翻轉教室的做法投稿出去，也被大會接受，因此我們第一次參加年會就有團隊成員可以進行分享，實在非常難得。由於昌宏老師的精采表現，加上一行十個臺灣人在近四百位北美、中美為主的與會人士裡格外顯眼，我們很快就引起Jon和Aaron的注意。

我們把握機會跟兩位翻轉大師分享了臺灣的翻轉近況與均一教育平台。

「噢，真有趣，我們還以為沒什麼亞洲國家在翻轉，沒想到臺灣已經跑在這麼前面了。」Jon用鷹眼般的銳利眼神掃視我們的投影片，仔細分析道。

此時，我突然意識到，臺灣在教育的發展並沒有輸國外太多，如果我們沒有對外交流，甚至因為破英文而不敢走出臺灣，其實萬分可惜。我所做的只是找到一

◆圖中間者為Jon和Aaron，其餘為參與匹茲堡翻轉年會的十位臺灣夥伴。

個建立關係的機會，透過還可以的英文，把臺灣諸多老師的精采經驗與整個均一教育平台團隊所做的事情分享出去，就帶出跨國合作的可能性。這對過去沒有太多國際交流經驗的我來說，確實是不小的震撼。

● 機會是留給準備好的人

非常幸運的是，除了跟FLN有合作的機會外，我們透過好友牽線，也去拜訪了辦公室同樣在匹茲堡的Duolingo，這家著名的新興線上語言學習公司。Duolingo是由卡內基美隆大學資工系教授Luis von Ahn創辦的，裡面許多員工是他的學生。由於卡內基美隆大學在資工領域可以說是全世界前三強的，因此可以想像他們三十幾個員工中，十五位以

◆ 我和兩位基金會夥伴鐘敏豪（左）、曲智鑌（右）一起跟Jon和Aaron分享臺灣翻轉教育現況。

上工程師的研發能量是多麼充沛。雖然去之前我們就知道合作的機會不多，但是仍嘗試積極爭取一些協助建置「用中文學英文」的課程。

不過，由於已經有幾位中國志工投入課程開發，因此Duolingo認為不需疊床架屋的兩路並進。此刻我才明白國際的競爭是多麼真實，在華文的世界裡，臺灣如果對外接觸得太慢，機會都被中國搶走，對任何一個理性的國家來說，幾乎不可能為了兩千三百萬人的需要而放棄十四億的市場。但如果這兩千三百萬的市場看起來像是十四億市場的最佳測試場域，甚至是踏入中國市場的最佳橋梁，那麼臺灣市場的國際價值就不言而喻了。

帶著這樣的體會，我與曲智鑛、鐘敏豪兩位同仁來到位在山景城的可汗學院（Khan

◆ 我們拜訪了Duolingo，左二為CTO（技術長）Severin Hacker。

Academy，以下簡稱KA）拜訪。山景城（Mountain View）屬於整個矽谷區裡的創意重鎮之一，包含Google、Apple皆坐落在這個高科技城市裡。KA就在離Google總部走路不到五分鐘的地方。

當我抵達KA門口時，還是感覺一切是如此地不真實。整整四年前，我在報紙上看到的KA、二〇一一年在TED年會上風光分享的可汗本人，竟然就近在咫尺。

當然，機會是給準備好的人。在確認能拜訪可汗之前，我曾多次寫信給KA國際事務部的Jessica，自我介紹，並且表達拜訪意願。一開始，對方拒絕了，表示若有什麼想法，寫信討論就可以了。

「前一年我去的時候，他們也只給我短短的四十分鐘，不太能談什麼。如果沒有讓他們對我們有一些興趣，他們是不會想見我們的。」我把狀況跟方大哥報告後，方大哥和我分享他的經驗。

「去年《親子天下》有拜訪他們，看看能不能透過《親子天下》詢問吧，我想可能真的只能去『觀光』，談的機會應該不大。」方大哥的分析總是一針見血，務實的他希望我不要有太高的期待。

然而，或許是極度想要跟當初啟發我投入網路教育領域的可汗有深入的互動機會，我決定試著把均一教育平台的發展，以及臺灣線上教育導入現場課程的經驗，製作成精美的簡報檔，讓KA來閱讀。就像一位希望某位男孩注意到自己的女孩，知道自己不宜過度主動，只能期望透過適當的打扮與優雅的舉止，吸引男孩的注意。沒想到這個策略奏效了，在確認可以拜訪KA的那幾個晚上，我幾乎興奮得睡不著覺。

在有了Duolingo的經驗後，我們比較清楚知道，跟這些美國單位互動，要緊抓住他們想要「改變世界」的這種雄心壯志。當我們看見KA在大陸市場尚未

◆拜訪Khan Academy時，團隊與可汗的合照。

找到好的著力點時，試著點出「如果KA在臺灣先獲得一些東亞或華文世界的經驗，對於進入中國應該會相當有幫助」。顯然他們對這樣的Idea買單，希望未來有進一步合作的可能。當然，健康的合作是要基於更深的認識，了解彼此的方向是否有連結的可能，才是比較有智慧的做法。因此，未來是分道揚鑣，還是走在一塊，我也不知道，但建立關係總是第一步。

離開KA前，我們很幸運的能和可汗本人合照。本身不太愛追星的我，反倒在此時活像個小粉絲一樣，表情雖然鎮定，但內心不斷尖叫：我跟可汗合影到了！此行足矣！

回想起來，合照確實彌足珍貴，但能在第一次去美國就拜訪了三個著名的單位，甚至有合作上的洽談，我想這樣的機會更是難能可貴。帶著感恩的心，謝謝每一位促成這樣機會的人，也繼續鼓勵自己，要預備好自己，迎接接下來的新可能。

英文專題演講

清晨四點多，我昏沉的在鬧鈴聲中起床。

儘管麥德姆颱風早已登陸，外頭的招牌被吹得嘎吱作響，我仍按照既定行程，搭上第一班從板橋車站開往桃園機場的客運。

才從美國回來兩個禮拜，我又踏上前往新加坡的旅程，只不過這趟完全是為了工作。臺北市中山女高國文科的張輝誠老師邀請臺大電機系葉丙成老師與我，一同前往分享臺灣翻轉教學的經驗。而輝誠老師之所以會被新加坡找上，是因為他二〇一四年一月二十五日在臺大翻轉教室工作坊的「學思達教學法」演講影片在網路上爆紅，超過四萬人瀏覽，甚至紅到國外去了。

影片於二月底上線一個禮拜後，就有一位新加坡校長直接出現在輝誠老師的教室裡面，在觀課完以後，校長折服於學思達翻轉教學的魅力，因此請新加坡的友好單位邀請輝誠老師去分享。新加坡的高效率，果然名不虛傳。

養兵千日，用在一朝

一下飛機，踏入新加坡樟宜機場，我便開始觀察新加坡到底有何能耐，能讓樟宜連續七年獲選全球最佳機場。再一次，我感受到的是效率，從出關的速度，到完全不用等行李的情形，離開樟宜機場幾乎和在臺灣搭國內線一樣快速。

「呂冠緯老師，請往這邊！」

當我還在觀察機場的人事物時，有人叫了我一聲。

「你好，我是陳君寶，行知學院的創辦人。」

「你好。我是冠緯，Speaking Chinese or English?」我印象中，新加坡的官方語言是英文。

「噢，跟我說中文就可以了。」

原來君寶兄的行知學院是新加坡極少數在和學校配合辦研習的民間單位。這部分主要是新加坡的母語教學裡有華語課程，但當中的研習是唯一不用英文進行的，因此有一點市場區隔，聰明的君寶兄便找到一個可以服務的區塊。

這一次的主要行程是星期四對南華中學老師的校內研習，以及星期六對全新加坡將近十分之一、共四百位華文老師進行分享，星期五則被安排到新加坡的北一女「萊佛士女中」參加他們的公開課活動。然而當中對我最有挑戰的，是星期六同時加開的一場「翻轉教室」英文演講，對象是新加坡中小學約一百位數學、自然、社會等科別的老師，而且一講就是九十分鐘，還要現場Q&A。

雖然我才剛從美國回來，但顯而易見的，英文程度不太可能在三個禮拜內突飛猛進，因此我既興奮又緊張。興奮的是，在臺灣苦無培養口說環境，但卻熱愛口說的我，總算有機會可以好好地給它講一場。

雖然我的英文完完全全都是在臺灣學的，但不知為何，面對英文總是特別來勁，喜歡用英文吸收新知、瀏覽網頁、聽新聞等。儘管平常沒什麼動口的機會，但我常常給自己「情境式演講」的假設，讓自己對著空氣胡亂演講。我有時候會假想，如果我是雷根總統，在面對挑戰者號失事時會怎麼說？有時我又會想，如果我要對一群學生用英文分享讀書方法會怎麼講？……

你可能很難想像，我常常一邊走路一邊想像眼前有一群聽眾，然後就渾然忘我地講著，完全沒有注意自己的用字是否妥當、文法是否正確。如今養兵千日，用在一朝，說不期待是騙人的。

但是，說不緊張也是騙人的。畢竟我沒有正式地用英文演講過，即便先前去美國有一些談判、交流的經驗，但那大多是一來一往，結構性不見得要這麼強，而且也沒有一次面對這麼多聽眾。我心想，如果講太差，感覺會丟臺灣的臉，所以在星期五去萊佛士女中觀課完後的下午，我強忍著略微疲憊的身軀，努力地準備著英文版的PPT，深怕倒在床上，一個下午就過了。

叮鈴鈴，房間的電話響了起來。

「喂，冠緯呀，要不要出去吃晚餐呢？」

原來是葉丙成老師從午睡中恢復過來了。看著尚未準備完的PPT，我心裡很掙扎，畢竟星期天就要飛回臺灣，也沒什麼機會去新加坡其他地方看看，如果真的完全都只有工作行程，未免也太無聊了。因此，我索性把電腦蓋起來，「好啊，老師，我們去新加坡河走走。」

吃完晚餐，我與丙成老師搭上船，一覽新加坡河的魅力。從萊佛士登岸遺址、擁有槽形多立克㊲柱廊的浮爾頓大飯店、口中噴水的魚尾獅像，以及造型獨特、三塔樓式的濱海灣金沙酒店，皆可以感受到新加坡在這自然資源缺乏、面積狹小的土地上，卻毫不服輸地嘗試透過對外開放，發展到一種極致。

那一晚，最令人感到啟發的，並非濱海灣裡的雷射秀，而是與丙成老師的深入對談。

對我來說，丙成老師像是一個兄長，他對於教育的熱情與創意，是我的楷模。自從退伍後投入線上教育平台的領域，就常常會在研討會碰到他，後來也變得越來越熟悉。在許多不同的場合，他都試著把我拉上來，雖然年齡、資歷還是有不小的差距，但是他這樣提攜後進的做法，真的是我效法的對象。我在跟丙成老師聊天時，另一個我好像跳脫出那個聊天的現場，在旁邊靜靜地觀察這兩個人對話。沒有想到一個醫師最要好的大學老師竟然是電機系的。靈魂出竅的我，不自覺地笑了出來。

晚上回到飯店已經十點多，坦白說，有點累到無法好好準備隔天的內容。因此我趕緊做了一個收尾，原本預計從頭預演一次的計畫也完全取消，只能祈禱「人的盡頭是神的起頭」，臨時抱耶穌腳。

● 臉皮夠厚，無所畏懼

星期六的第一場演講就是英文演講，我決定不要硬背講稿，嘗試自然地表達。不知道為什麼，越講越不緊張，甚至敢用英文開自己的玩笑。時間一下就過去了。

當我分享完，南華中學雙文化部的主任跑來問我：「冠緯老師，你在國外留學幾年啊？」

「其實我沒有在國外留學過耶。」

「真的喔！那你的英文怎麼可能口音這麼好？我印象中，臺灣的英文教育是非常考試導向的啊。」

「喔，那你的印象可能有點落伍了，在臺灣也是能把英文學好的。」我半開玩笑地回應。

就在這個互動過程中，我意識到自己能在臺灣把英文學得還可以，最主要原因就是「厚臉皮」，敢說、敢模仿、不怕犯錯。

由於我們長久以來把英文看作一個科目，而非一個語言，因此在學習上反而不自然。我們從小學習中文也是在犯錯中學習的，為何英文的學習會如此不勇敢呢？

研習完的那一晚，我與丙成老

◆ 在演講過程中與新加坡老師們互動。

師、輝誠老師一起去坐全世界最高的新加坡摩天輪，突然想到上帝跟我開了一個很大的玩笑，我高中最差的科目就是國文，但是竟也能跟一個國文老師有這麼多的互動，甚至託他的福，才能來到新加坡，生命中的貴人到底會是什麼樣貌，確實無法預測。

回程的飛機上，我再次想到臺灣國際競爭力的問題。接連去了美國、新加坡，有機會比純旅遊更深入了解當地的教育制度、風土民情，我由衷地認為臺灣有自己的特色與優勢，但如果我們只向島內看，不去關心國際趨勢的變化，不把臺灣行銷出去，那麼有一天我們會自嚐封閉的苦果。

◆ 離別前，丙成老師（左三）、輝誠老師（右四）、我與南華中學的校長（中）、其他教學團隊合照。

因此，把握年輕時刻練好英文，找到機會出去深入走走、看看，相信我們都可以成為改變臺灣的起點。

㊲是古典建築三種柱式中出現最早的一種，源於古希臘。

年輕人，學習負責吧！

「冠緯去貴基金會可以有什麼貢獻呢？」

「我希望冠緯可以來當我們基金會的執行長。」方大哥面對我父親的疑惑，給出堅定的回應。

時間回溯到我還在服役的那個過年，大年初二從澎湖放假飛回臺北，方大哥與方太太便在當晚來我家拜訪我父母。在那之前，我剛接受方大哥的邀請，決定成為誠致的一員，而我也邀請方大哥與我父母彼此認識，讓父母親知道我不是被什麼邪教吸收走了，所以不當醫師。

不過，當我聽到「執行長」一詞的時候，倒是既淡定又驚訝。淡定的是，我確實對於成為領袖型角色有一定程度的嚮往與使命感，因此「執行長」確實有可能是我未來人生某一個階段的工作項目；但驚訝的是，面對一個才剛從醫學系畢業，也尚未正式加入團隊的年輕小伙子，方大哥怎麼會認為我未來能接基金會的執行長呢？

鬥志高昂的接受挑戰

後來我漸漸領略到，並非我已經能勝任執行長這個角色，而是方大哥知道要怎麼栽培我。

即便我是以專案教師的身分加入誠致，並且以錄製教學短片為我初期的主要工作項目，但方大哥開始訓練我接受各式各樣的挑戰，包括去教育部大型研討會代替他當主講人、讓我來設計臺大場翻轉教室工作坊的主要活動內容與流程架構、面試新夥伴、帶領幾位老師一起去美國匹茲堡參與年會。這樣的信任激起了我更大的鬥志，我加倍努力地試著處理新的狀況，一旦遇到大困難時，方大哥也很樂意陪著我一起來思考。

一段時間後我才明白，方大哥不是「告訴我」要怎麼去當一個執行長，而是「提供機會訓練我」成為一個能承擔起這份責任的人。這種身教，比言教更深刻地在我心中留下印記。我開始會思考，如果在這樣的處境下，方大哥會怎麼作決定、怎麼思考、怎麼溝通？

最讓我感到敬佩的，則是方大哥在面對困難決定時，總是回到組織的文化來考量，而誠致的核心文化就是「誠信原則」與「不求自己的利益」。雖然總共才短短的十幾個字，但當我們在面對困難處境時，若利用這樣的原則想深一點、想遠一點，往往答案就會呼之欲出。我突然發現，這跟張輝誠老師在學思達教學裡所推廣的，「老師讓出舞臺，提供學生足夠的自學資料後，讓學生反芻、發揮」，不謀而合。

難怪在某一次採訪時，原本在HTC擔任專案經理的陳逸文分享：「別人都說你是傻瓜，但進來很開心，因為這裡有很多傻瓜，感覺我們真的可以為臺灣做什麼。」而另外一位從衛星導航大廠Garmin轉過來的軟體工程師蘇倚恩則補上一段：「我覺得加入均一這個決定很聰明，一點都不傻。如果純看薪水，無法和之前的工作相比，但在這裡聽到的、學到的，若是換算成金錢，那在誠致的工作絕對是超級高薪。」

確實是這樣，誠致目前十二個全職夥伴，平均年紀不到三十歲，大家都很優

◆方大哥（中）與誠致全體同仁。

秀，臺大醫學、電機、資工、機械、資管、臺積電、Garmin、HTC、曾自己創業等，但我想更重要的是，如果沒有一位願意讓我們承擔責任的前輩，我們又哪能加速成長呢？

在犯錯中快速成長

我還清楚記得，在到職滿一年的那一次週會，方大哥向同仁宣布我接任執行長，緊接著說：「對於一個領袖來說，他從犯錯中所學習到的，遠比作對的決定來得多。冠緯接下來一定會有作錯決定的時候，請大家給他機會，讓他成長。」

頓時，我心中有一股莫名的感動，我到底何德何能，可以被這樣信任？更重要的是還被給予犯錯的機會。我想我能回報方大哥與基金會夥伴們的，就是更快速的成長，不再以年輕、沒經驗為理由，而是勇於承擔。

去美國交流、去新加坡演講、接任執行長，對我來說都是全新的學習，卻又是如此熟悉。因為這樣的情景，已經反覆在我腦袋裡操演了許多次，而我也是朝著這樣的方向在預備自己的。

「機會是留給準備好的人」雖是老生常談，卻也是無可爭辯的事實。盼望你也有機會體驗這種新鮮的熟悉感。

Chapter 10

築夢 逐夢

——創造屬於你自己的夢想法則

「我寧可做人類中有夢想和有完成夢想願望的、最渺小的人，
而不願做一個最偉大的無夢想、無願望的人。」
——美籍黎巴嫩阿拉伯作家，紀伯倫

當我還在讀書時……

考上臺大醫學系以後，我很常被邀請到不同高中、國中、國小分享如何讓自己的學生生涯過得更精采。曾經很多人很好奇，我花這麼多時間在教會，卻能兼顧成績與音樂、運動等其他面向，到底是如何做到的？其實很多道理都是大家所熟悉的，我在這裡把我的想法做個總整理。

面對自己的學生生活，我們最缺乏的往往是動機。不知道為什麼要算數學，不知道為何要讀英文，更不知道讀國文要做什麼，而升學考試也不考音樂、美術、體育，為什麼要花時間學這些呢？我想，**第一步就是要培養自己學習的渴望（Desire），也就是為何而學（Know Why）**。讓已經踏入社會的我，從職場的角度，提供大家一點點學習的Desire。我將不同的科目列在下面，供大家參考。

- 國文：國文一直是我學生時代的痛，但一直到出社會後才發現，懂得欣賞文字的美，能夠將自己的想法與感受精準又優雅地表達出來，實在是太重要了。如果我的國文再好一點，這本書也應該可以寫得更順。

- 英文：世界上百分之五十五的網路資訊是英文，第二到第六名分別是俄文（6%）、德文（6%）、日文（5%）、西班牙文（4.6%）與法文（4%），而中文則是第七名（3.3%）。[38]所以如果我們想要多知道這世界在發生什麼事情，並且跨出臺灣與國際接軌，英文是基本功，而且聽、說、讀、寫同樣重要。
- 數學：有人或許會問，畢業以後，我可以拿微積分做什麼？平常真的會用到三角函數嗎？其實數學的重要是來自於訓練一個人的邏輯。數學是一個「演繹法」的知識，可以從簡單的公設導出深奧的定理，若能抓住這樣的精髓，通常對於策略發展會比較在行。另外，現在最夯的第三語言——程式語言，其實與數學息息相關，程式語言基本上也是邏輯概念的延伸與靈活運用。學好數學絕對不會吃虧！
- 自然：不論是物理、化學、生物、地科，皆是真實世界在發生的道理，很多概念其實都與生活息息相關。太空科學、材料科學、電機、機械、醫學、生科等，都是自然科學的應用與延伸。即便是文組的同學，若對自然科學有較為深入的認識，未來更有機會與科技業、醫療界同仁溝通，如此不論自己在商業或者法律等領域，都可以走得更寬廣一些。
- 社會：歷史、地理、公民看似背科，但是社會學科其實提供很多寶貴的資訊，可以鑑往知來，可以認識環境，也可以透過法律、經濟等架構分析社會現況。以為只要數學好、自然好就能找到好工作的人，往往會在升遷上卡關，因為當一個人在管理階層的越上層時，處理的越是「人」的事情，他的公民意識、歷史素養都會成為很好的幫助。

- 音樂、美術：千萬不要小看藝能科，除了能提供自己一個紓壓管道之外，這兩者大概是追女朋友最實用的技能吧，不然我是怎麼靠創作歌曲脫穎而出的呢？
- 體育：一般人的體育並不需要到追求競技的層次，但透過運動讓自己維持好的身心，卻是一輩子的事情。沒有比健康的身體還更真實的本錢了！

上面提了這麼多內容，僅是想跟大家分享，有的時候我們的教育模式確實把學習變得無趣，但絕對不代表這些科目、技能不重要，若能多方學習，融會貫通，基本上是有益無害！

• 學習的夢想（DREAM）

不過，關於Desire，在學生時期更重要的是去探索自己的興趣。怎麼樣知道自己是否對於一個領域，或者方向，真的有強烈的Desire呢？最好的檢視方式就是看自己在遇到挫折時是否會心灰意冷。

若你不僅不會放棄，鬥志還會更強，那麼恭喜你，你可能找到最有興趣的領域了。對學習有Desire的人，絕對比沒有的，走得更久、更遠，所以如果你還沒找到它，請務必持續尋找。

臺灣的學制在升大學時做科系的選擇，坦白說，仍有許多人尚未完成對自己的初步探索，因此在科系選擇上往往僅能聽家長、老師的建議，但人最終總是要對自己負責，不可能為別人活，因此越早釐清自己的興趣越好。

只要你持續尋找自己人生的Desire，就不會有時間是浪費的。很多人問我會不會覺得讀醫學系七年在浪費時間，我說完全不會。雖然我讀了以後，才漸漸發現自己對人的興趣，不僅在身體的層次，更多是在思想的層次，因此教育更符合我的志趣。但由於醫學的訓練，讓我擁有「診斷、治療」的思維，應用於解決各領域的問題也非常適合，加上在醫院實習時磨出與挑剔的人的相處之道，讓我不會畏懼面對任何教育前輩。只要我們持續追尋，走過的路都會成為我們的幫助。

第二個要掌握的則是學習的資源（Resource），資源有兩個面向，一個是你要學習的內容為何（Know What），另一個是你可以學習、請益、討論的對象是誰（Know Who）。請記得學校的課本只是一個入口，現在網路上有太多的資訊可以參考，只要你有心，都可以學得更多、更深。然而，更重要的是找到你可以問問題的老師、學長姊與同學。我看過大部分學業表現好的同學，都是既懂得問老師問題、向學長姊請益讀書方法，又能跟同學討論課業，甚至為同學解惑。

在都會區，大部分的人學業遇到問題時，常常以為是資源不夠，認為課本不足、老師教得不好，因此選擇補習；殊不知補習佔掉了學生最寶貴的資產——時間。我並不反對補習，但如果一星期花超過三個以上的時段在補習，可能得好好思考，到底問題是在學校老師還是自己。過度補習，就像是吃藥過量的人，不僅沒有藥到病除，反而還藥物中毒。永遠記得藥即是毒，就算生病時，適量就好。如果沒有病，那當然就不需要。

與其一直尋找更多的學習資源，其實我認為**大部分的人最忽略的是讀書的環境（Environment）與時間的安排（Arrangement）。在哪裡（Know Where）與何時（Know When）讀書，其實遠比你想像中的重要**。

試問，你平常是在哪裡讀書呢？在星巴克？學校夜自習？在家裡？對我個人來說，在星巴克很容易被輕柔的音樂與坐在對面的外校女同學給吸引，要專心三個小時的困難度頗高。在學校有伴，感覺也不錯，不過有時大家一起鬆懈，反而就變成球場上見，或者桌上的書本換成撲克牌、象棋、麻將。在家呢？Well，對我來說，三電（電腦、電視、電冰箱）一床的誘惑真的太強了，會讓我坐沒十分鐘就起來亂晃。因此，我個人最喜歡在離家不很遠的社區K書中心、圖書館或教會的自習空間等，讓自己比較有機會啟動「專心」模式。專心需要訓練，慢慢養成習慣，也需要環境的幫忙。當然，地點沒有絕對，我也看過在星巴克讀書效率很高的同學，以及能夠在床上完成所有課業的朋友。總之，找到你最能專心的讀書地點，將會大大提升你的效率。

而時間安排，也是學習效率的關鍵。基本上，請掌握一個概念，時間是可以存的，只是存法與金錢不一樣。我們不能把今天二十四小時當中的某七小時先存起來，以後用；但我們可以把後面一定會做的事情往前挪來做。舉個例子，很多人很喜歡考前衝刺、熬夜，不過最有效率的讀書方法，絕對是把考前要讀的大量課程內容往平常時間挪，化整為零，讀起來會比較輕鬆。考前還不如去運動，看場電影放鬆一下，臨場反應可能更好。

等你**前面四項都做好了以後，接著才輪到讀書方法（Method），也就是所謂的 Know How**。

讀書確實有很多撇步，可以多向把不同科目讀好的同學、學長姊請益，但讀書方法要真的奏效，還是要建築在適當的讀書環境與時間安排上，關於更細節的內容，如果你願意參考我的做法，歡迎上 YouTube 搜尋「呂冠緯學長　師大附中演講」。

你如果更細心一點的話，會發現我剛剛提到的這五件事情，排列起來會出現有趣的效果：

- **D**esire——學習的 Know Why
- **R**esource——學習的 Know What and Know Who
- **E**nvironment——學習的 Know Where
- **A**rrangement——學習的 Know When
- **M**ethod——學習的 Know How

當你掌握以上五點，就會離你學習的夢想（DREAM）不遠。學生生涯最終是在學習為自己負責，而學習並非僅止於學生時代，只要你還有學習的需要，上述五點都可以做為你的參考。

㊳ 出處：Languages used on the Internet
http://en.wikipedia.org/wiki/Languages_used_on_the_Internet

當我開始工作後……

大學二年級創立夢想學園以後，我就已經一隻腳踏入職場了，而到大五進入醫院，其實是同時在臺大醫院與得勝者文教兩個不同的場域邊工作邊學習。我很幸運，能在學生時代就開始接觸職場，也讓我漸漸摸索出一個「主動出擊」的工作思維。

首先，大部分的人都有機會選擇不同工作。對於踏入社會的第一份工作而言，我自己最主要的檢核點並不在薪資，而更多的是在Desire。我有沒有想做好這件事情的渴望，遠比能不能馬上賺比較高的薪水來得重要得多。因為只要做我有熱忱的事，長遠來說，我的競爭力一定會比同領域內沒有熱忱的人還高。所以賈伯斯才會說：「如果你還沒有找到它（Desire），請繼續尋找，不要停止。」

當然，過猶不及，千萬也不要因為一點點挫折，就質疑自己的渴望不夠強烈。如果一直轉換領域，做一件事情的長度沒有辦法用年來計算，「我在尋找自己的Desire」反而變成了一種藉口。Desire要靠探索、試誤，才有機會不斷地去挖掘，因此我常鼓勵大學生，大學不僅要玩，還要讓自己多方嘗試。像我在大學時，透過小型創業確認自己對於

「建立團隊」非常有興趣，因此在接下來的職涯發展中，我都會盡量評估一個工作或者一個創業能否提供我建立團隊的機會。

再來，工作與讀書最大的差異是，讀書有可能可以靠自己，但工作幾乎必須要跟別人合作才能完成。因此，懂得建立關係**Relationship**就非常重要！對於大部分的年輕朋友來說，建立同輩關係往往不會太過困難，但在這裡我想強調，如果能懂得與長輩相處，有「兩代合一」的特質，往往在工作上會大大加分，這一點我有很深刻的體會。

或許是因為我在教會（板橋福音堂）聚會時，從小就被傳道人、主任牧師牧養，也就是如果有信仰與生活上的問題，基本上是直接跟三、四十歲以上的大人溝通，也因著小六就開始當小組長，既然是同輩裡的領袖，就會代表同輩跟長輩互動。所以當我遇見姚醫師、劉主任、方大哥時，彼此很快地就發現不同世代有不同世代可以分工合作的部分，我才有機會創立夢想學園、成為得勝者文教執行班主任與誠致教育基金會執行長。

這些人脈，並不見得要是富二代才能夠建立；相反的，只要夠上進、夠積極，你就會同類相吸、物以類聚，吸引到懂得欣賞你的長輩朋友。

然而，僅靠關係，也只是有機會站在巨人的肩膀上，之後仍需要自己的努力。這個世代有太多的人光說不練，僅是「鍵盤高手」，沒有比在真實世界透過「試誤學習」，累積經驗，成長得更快、更有效。執行長（Chief Executive Officer）之所以往往是一個組織的最高層領導，是因為組織的績效必須要透過執行**Execution**，才可能展現出來。很多人因為怕犯錯，所以不敢去執行，但唯有執行（Execution）時犯錯（Error），在犯錯中累積經驗（Experience），累積經驗夠多後才能變得卓越（Excellence），這一點是我常常提醒自己必須要有行動力的原因。

著名的理財書籍《窮爸爸富爸爸》裡提到：「贏家不怕輸，輸家反而怕。失敗是通往成功的必經過程，因此避免失敗的人其實也失去了成功的機會。」坦白說，我是一個很常犯錯的人，因著勇於嘗試，創立夢想學園、建立得勝者文教的夢想顧問團，但也因為年輕、缺乏經驗，我曾經犯下許多錯誤，諸如錯待夥伴、沒有辦法對學生或家長負責等等。不過，正因為有這些早期的失敗，讓我快速累積經驗，以至於在誠致，雖然我相對年輕，但一些失敗的團隊經驗反而能提醒我在帶領團隊上應該注意什麼。當然，我知道自己未來還是有可能犯錯，只要我保持正向態度，快速修正，我相信「失敗為成功之母」這句老梗，對勇於執行、檢討的人來說確實是真理。

而犯錯時總會有人受傷，因此態度**Attitude**就很重要。我個人認為最重要的兩個態度分別是「積極」與「謙遜」。我還記得自己剛開始當實習醫師，必須要學會幫病人抽血時是多麼緊張。我知道這種技能型的東西有一個學習曲線，幾乎可以確定會有幾床病人被我戳了幾針卻抽不到血。我可以選擇推給其他同學或者護理師，也可以選擇透過多做，快速累積經驗。我選擇了後者。所要面對的挑戰，便是有的時候真的沒有抽到血，病人很不舒服，家屬甚至破口大罵。這個時候，我是積極地去找協助，並且謙和地回應，還是消極地逃開，強硬地頂撞，就某種程度而言，決定了病人與家屬未來願不願意給我機會。

積極與謙遜的態度是執行力的最佳夥伴，它們會讓別人願意多給我們幾次機會，而多幾次機會就會讓行動力高的人成功機率大幅提升，所以你能說態度不重要嗎？

當然，工作以後，時間與金錢的管理**Management**都非常重要。關於這方面的書籍非常的多，鼓勵你不論是剛踏入社會，或者已經工作三、五年，都應該持續精進自己在管理上的觀念與能力。

當我們再一次整理上述五點時，你會再度看見DREAM法則：

- **D**esire
- **R**elationship
- **E**xecution
- **A**ttitude
- **M**anagement

盼望這個簡單的DREAM法則能幫助你在工作上達到你的夢想。

追逐夢想的腳步永不停歇

身為一個基督徒，其實不論在讀書或者工作時，我的信仰也一直是我的準則，因此我常常開玩笑的說：「我的夢想不僅是靜態的夢（DREAM），而是動態、持續在建築也在追逐的夢（DREAMING），因為有我與神（I and God，ING），因此就從DREAM升級成DREAMING，而如果我們把DREAM跟ING分開來看的話，還會發現這和『均』與『一』不謀而合，你說，這是不是很妙呢？」

其實我的資歷尚淺，坦白說，沒什麼資格來分享所謂的「成功經驗」，但有時看到市面上的書，總會覺得那些很厲害的

◆ 父親在我十二歲、二十二歲生日時送我的畫像，顯示出我對於學業、音樂與運動的多方興趣。

人離我們太遠，因此我想試著拋磚引玉，分享我過去二十幾年的成長故事，如果這當中剛好對你有一點幫助，那我真的很高興。期待有一天，我可以聽見你的夢想，看到你的故事，而我，也會繼續我的故事、我的夢想。

在白天做夢的人

顯然，我是一個非常喜歡「夢想DREAM」這個詞彙的人，不然不會自創出什麼DREAM法則，又或者創立「夢想學園」，連後來到得勝者文教的團隊也要叫「夢想升學顧問團」，最誇張的是硬是要把「均一」跟「DREAMING」扯在一起。許多老朋友都喜歡說我天馬行空，老愛想一些有的沒有的，但除了想，我更喜歡試、喜歡做！

我的摯友書平了解我頗深，雖然常常給我吐槽，卻曾經透過信裡的文字多方鼓勵我。他引用因阿拉伯起義而出名的英國軍官湯瑪斯．愛德華．勞倫斯上校在《智慧七柱》裡面的一段話給我一些回饋。這段話是這樣說的：

所有人都做夢，但是卻不盡相同。

那些晚上做夢的人白天醒來，會發現這些夢是虛無的。但是那些白天做夢的人卻是非常危險的，因為他們會行動起來，讓自己的夢變成現實。

在升學過程中，我總是被國文科打擊，因此要寫出一本書，其實需要克服許多的心理障礙。較擅長口語表達的我常常在想，如果我有什麼點子，去演講就好了，用寫的太慢了。但在大學開始增加自己的閱讀量後，我漸漸發現書與演講可以達到的效果不同，演講通常是一個很好的Opening，但書比較有機會把想法談得深入，因此我漸漸建築了寫書的「夢想」。然而，當我的部落格因為被葉丙成老師分享，受到出版社注意後，面對出版社的熱情邀約，我一時之間還真不敢答應，因為我知道我的國文造詣普通，深怕寫不出東西。但當我靜下來，思考自己常常跟別人分享Execution的概念，如果不透過執行，又怎麼累積經驗呢？我再度決定跨出我的舒適圈，去挑戰我不擅長的東西。所以，如果你在閱讀時覺得卡卡的，請不要疑惑，那不是你的問題，應該是我的問題。

以我對自己的理解，我的聰明才智算是中上，但是我在白天做夢的頻率可能真的高得嚇人，我常跟書平開玩笑說：「或許是因為我白天都把夢做光了，所以晚上非常少做夢！」

在書的最後，我要再次特別感謝我的父母親與我兩個妹妹。是父母的教養與開放，以及兩位妹妹的鼓勵和支持，讓我能成為一位在白天做夢的人。

當我們談到教育的時候，最常談論的兩個族群是美國人與猶太人。美國人鼓勵自己的孩子「追求自己想要的」，而猶太人則教育自己的孩子「看見環境需要的」。為何許多猶太裔美國人會特別成功？因為他們往往在兩者間取得平衡，做自己有興趣又被社會需要的事情。那華人呢？我自己在臺灣的觀察是，我們常常要求孩子「追求家長想要的，看見學校需要的」，我們用後照鏡在看未來，所以過去做什麼事情發展好，我們就希望孩子選擇什麼，然而，我們卻不小心忽略了我們處於一個變化快速又劇烈的世界，完全依循過去的經驗，有時會限縮孩子的發展。

我的父母親常會接收到別人的質疑：「你孩子都讀到臺大醫學系了，怎麼會允許他不當醫生呢？真是浪費社會資源！」這些批評有的來自同事，甚至親戚也會不諒解，但我的父母親默默地承擔了這一切，因為他們知道我終究要為自己負責，如果他們為我作了決定，以後我說不定還會反過來怪他們。由於他們給了我空間，讓我在白天能做夢，因此我更加珍惜這樣的機會，反而不會蹉跎、擺爛，因為我知道我所面對的是我自己的人生！如果沒有他們，就不會有今天的冠緯。

親愛的朋友，這本書不是什麼經典名著，只是我個人的平凡故事，一個關於在白天做夢的人，一個國文不好卻勇敢寫書的人。然而，一個人的故事往往不僅是一個人在寫的，我們會寫自己的故事，但也會參與別人的故事。

你是否願意成為一位在白天做夢的人，或者成全其他人也成為一位白天追夢者？

「上帝，我要成為一個逐夢者，也要成為一位成全者。」每一天，我這樣禱告著。

國家圖書館出版品預行編目資料

在白天做夢的人：從臺大醫師到網路教師，敢夢敢為的翻轉人生　/ 呂冠緯著.　-- 初版. -- 臺北市：商周出版：家庭傳媒城邦分公司發行, 2014.12
面；　公分. -- (ViewPoint ; 80)
ISBN　978-986-272-699-0 (平裝)

1.呂冠緯 2.臺灣傳記

783.3886　　103022327

ViewPoint 80

在白天做夢的人

——從臺大醫師到網路教師，敢夢敢為的翻轉人生

作　　者／ 呂冠緯
企畫選書／ 黃靖卉
責任編輯／ 林淑華
協力編輯／ 冷麗娟

版　　權／ 黃淑敏、翁靜如、林心紅、邱珮芸
行銷業務／ 莊英傑、周佑潔、張媖茜、黃崇華
總 編 輯／ 黃靖卉
總 經 理／ 彭之琬
事業群總經理／ 黃淑貞
發 行 人／ 何飛鵬
法律顧問／ 元禾法律事務所王子文律師
出　　版／ 商周出版
台北市104民生東路二段141號9樓
電話：(02) 25007008　傳真：(02)25007759
E-mail：bwp.service@cite.com.tw
發　　行／ 英屬蓋曼群島商家庭傳媒股份有限公司城邦分公司
台北市中山區民生東路二段141號2樓
書虫客服服務專線：02-25007718；25007719
24小時傳真專線：02-25001990；25001991
服務時間：週一至週五上午09:30-12:00；下午13:30-17:00
劃撥帳號：19863813；戶名：書虫股份有限公司
讀者服務信箱：service@readingclub.com.tw
城邦讀書花園 www.cite.com.tw
香港發行所／ 城邦（香港）出版集團
香港灣仔駱克道193號_ E-mail : hkcite@biznetvigator.com
電話：(852) 25086231　傳真：(852) 25789337
馬新發行所／ 城邦（馬新）出版集團【Cite (M) Sdn Bhd】
41, Jalan Radin Anum, Bandar Baru Sri Petaling, 57000 Kuala Lumpur, Malaysia.
電話：(603) 90578822　傳真：(603) 90576622

封面設計／ 林曉涵
版面設計／ 林曉涵
內頁排版／ 林曉涵
攝　　影／ 李丞堉
印　　刷／ 中原造像股份有限公司
經 銷 商／ 聯合發行股份有限公司
新北市231新店區寶橋路235巷6弄6號2樓
電話：(02) 29178022　傳真：(02) 29110053

■2014年12月25日初版
■2019年10月28日初版8.5刷
定價320元

Printed in Taiwan

城邦讀書花園
www.cite.com.tw
 ISBN 978-986-272-699-0

商周出版

廣　告　回　函
北區郵政管理登記證
北臺字第000791號
郵資已付，免貼郵票

104　台北市民生東路二段141號2樓

英屬蓋曼群島商家庭傳媒股份有限公司城邦分公司　收

請沿虛線對摺，謝謝！

商周出版

書號：**BU3080**	書名：在白天做夢的人	編碼：

請於此處用膠水黏貼

商周出版

讀者回函卡

不定期好禮相贈！
立即加入：商周出版
Facebook 粉絲團

感謝您購買我們出版的書籍！請費心填寫此回函卡，我們將不定期寄上城邦集團最新的出版訊息。

姓名：＿＿＿＿＿＿＿＿＿＿＿＿ 性別：☐男 ☐女

生日：西元＿＿＿＿＿年＿＿＿＿＿月＿＿＿＿＿日

地址：＿＿＿＿＿＿＿＿＿＿＿＿＿＿＿＿

聯絡電話：＿＿＿＿＿＿＿＿ 傳真：＿＿＿＿＿＿＿＿

E-mail ：

學歷：☐ 1. 小學 ☐ 2. 國中 ☐ 3. 高中 ☐ 4. 大學 ☐ 5. 研究所以上

職業：☐ 1. 學生 ☐ 2. 軍公教 ☐ 3. 服務 ☐ 4. 金融 ☐ 5. 製造 ☐ 6. 資訊
☐ 7. 傳播 ☐ 8. 自由業 ☐ 9. 農漁牧 ☐ 10. 家管 ☐ 11. 退休
☐ 12. 其他＿＿＿＿＿＿＿＿＿＿

您從何種方式得知本書消息？

☐ 1. 書店 ☐ 2. 網路 ☐ 3. 報紙 ☐ 4. 雜誌 ☐ 5. 廣播 ☐ 6. 電視
☐ 7. 親友推薦 ☐ 8. 其他＿＿＿＿＿＿＿＿

您通常以何種方式購書？

☐ 1. 書店 ☐ 2. 網路 ☐ 3. 傳真訂購 ☐ 4. 郵局劃撥 ☐ 5. 其他＿＿＿

您喜歡閱讀那些類別的書籍？

☐ 1. 財經商業 ☐ 2. 自然科學 ☐ 3. 歷史 ☐ 4. 法律 ☐ 5. 文學
☐ 6. 休閒旅遊 ☐ 7. 小說 ☐ 8. 人物傳記 ☐ 9. 生活、勵志 ☐ 10. 其他

對我們的建議：＿＿＿＿＿＿＿＿＿＿＿＿＿＿＿＿

【為提供訂購、行銷、客戶管理或其他合於營業登記項目或章程所定業務之目的，城邦出版人集團（即英屬蓋曼群島商家庭傳媒（股）公司城邦分公司、城邦文化事業（股）公司），於本集團之營運期間及地區內，將以電郵、傳真、電話、簡訊、郵寄或其他公告方式利用您提供之資料（資料類別：C001、C002、C003、C011 等）。利用對象除本集團外，亦可能包括相關服務的協力機構。如您有依個資法第三條或其他需服務之處，得致電本公司客服中心電話 02-25007718 請求協助。相關資料如為非必要項目，不提供亦不影響您的權益。】

1.C001 辨識個人者：如消費者之姓名、地址、電話、電子郵件等資訊。
2.C002 辨識財務者：如信用卡或轉帳帳戶資訊。
3.C003 政府資料中之辨識者：如身分證字號或護照號碼（外國人）。
4.C011 個人描述：如性別、國籍、出生年月日。

請於此處用膠水黏貼